ISBN 978-0-260-18524-2
PIBN 10641655

LES

QUATRE MÉMOIRES

SUR

LA QUESTION UNIVERSITAIRE

PRÉSENTÉS 5727

A SON EMINENCE LE CARDINAL SIMEONI

Préfet de la S. C. de la Propagande

PAR

L'ABBÉ J. B. PROULX

VICE-RECTEUR DE L'UNIVERSITÉ LAVAL A MONTRÉAL.

MONTRÉAL

C. O. BEAUCHEMIN & FILS, LIBRAIRES-IMPRIMEURS

256 et 258, rue Saint-Paul

PRÉFACE

DE L'ÉDITION MONTRÉALAISE

~~~~~~

MONTRÉAL, 15 octobre 1891.

Sa Grandeur Mgr Edouard Chs Fabre,

Archevêque de Montréal.

MONSEIGNEUR,

Vu que l'édition de mes Mémoires *présentés et publiés à Rome en 1890 est épuisée, et que, assez souvent, il arrive qu'on ait besoin d'y référer ou d'en passer quelques exemplaires à qui il appartient, avec votre permission, je les imprime de nouveau, ici, à Montréal.*

Je me suis fait un scrupule de n'y rien changer dans la rédaction.

Seulement, ici et là, j'ai mis au bas des pages quelques notes explicatives, mais ayant toujours soin d'indiquer qu'elles sont de la présente édition.

Également, sous le titre de Supplément *à l'édition montréalaise, j'ai ajouté à la fin du volume* huit nouveaux documents, dont quatre me manquaient lorsque j'imprimai à Rome, et les quatre autres font connaître les réponses qui ont été données aux mémoires eux-mêmes.

Chacun de ces mémoires imprimé séparément, portait annexées un certain nombre de pièces justificatives numérotées, séparément aussi, I, II, III, etc. Comme quelques-unes de ces pièces se trouvaient répétées ainsi, pour les besoins de chaque mémoire en particulier, deux et trois fois, et comme, dans cette édition, je les collationne toutes ensemble à la suite des quatre mémoires réunis, je fais disparaître les répétitions, et par conséquent j'adopte une émunération nouvelle et unique.

A part ces petits changements et ces additions peu nombreuses, qui sont certainement une amélioration, et que l'on peut très facilement distinguer du texte primitif, vous avez sous les yeux, Monseigneur, le travail, tel qu'il a été présenté à l'Eminentissime Préfet de la Sacrée Congrégation de la Propagande.

Croyez que je suis et que je demeure, avec le respect le plus profond,

De Votre Grandeur,

Monseigneur,

Le très humble et très dévoué serviteur,

J. B. PROULX, Prêtre,

V. R. U. L. M.

MÉMOIRE SUR L'UNION

DE

LA FACULTÉ DE MÉDECINE

DE L'UNIVERSITÉ LAVAL A MONTRÉAL

ET DE

L'ÉCOLE DE MÉDECINE ET DE CHIRURGIE

DE MONTRÉAL

PAR

L'ABBÉ J. B. PROULX

VICE-RECTEUR DE L'UNIVERSITÉ LAVAL A MONTRÉAL

ROME

Imprimerie A. Befani

1890

SOMMAIRE

DU MÉMOIRE SUR L'UNION

~~~~~~~~

I. —-Dans sa mission auprès du Saint-Siège, l'abbé J. B. Proulx, Vice-Recteur de l'Université Laval à Montréal, est chargé, entre autres choses, d'exposer " les détails d'un projet d'Union entre l'Ecole de Médecine et de Chirurgie de Montréal et la Faculté de Médecine de l'Université Laval à Montréal," et " l'opportunité qu'il pourrait y avoir d'admettre, à de certaines conditions, dans l'Université, la dite École avec sa Charte dûment amendée."

II. —Récit abrégé des procédés qui ont amené, entre la Faculté de Médecine de l'Université Laval à Montréal et l'Ecole de Médecine et de Chirurgie de Montréal, l'union, sous laquelle se sont ouverts, à Montréal, les cours de médecine le 9 octobre 1889.

III. —S'opposent au bon fonctionnement de cette union différents obstacles, dont le principal est la Charte de l'Ecole de Médecine et de Chirurgie de Montréal, à laquelle tiennent les professeurs et les élèves, anciens et nouveaux.

IV. — Pour enlever cet obstacle, on propose d'amender la charte de l'Ecole de Médecine, de manière à la mettre à la base de la Faculté de Médecine de l'Université à Montréal, tout en respectant les prescriptions des décrets romains, les intérêts des anciens professeurs titulaires de la Succursale de l'Université à Montréal, et les droits universitaires.

V. —Exposé des avantages que peut offrir ce projet.

VI. —Conclusions : 1° Le Vice-Recteur se joint au Dr L. E. Desjardins, délégué de l'Ecole de Médecine et de Chirurgie de Montréal, pour demander au Saint-Siège de vouloir bien favoriser ce projet ; 2° il fait remarquer que, dans les circonstances, il est besoin d'une réponse sous bref délai ; 3° dans le cas où la réponse serait favorable, il demande au Saint-Siège que le soin des arrangements entre la Faculté de l'Université Laval à Montréal et l'Ecole de Médecine soit laissé à l'Archevêque et aux évêques de la Province ecclésiastique de Montréal, pour être soumis ensuite à l'approbation du Conseil Universitaire.

A SON ÉMINENCE

LE CARDINAL SIMEONI

PREFET DE LA SACREE CONCREGATION DE LA PROPACANDE.

Rome, 1er février 1890.

I

EMINENTISSIME SEIGNEUR,

J'ai l'honneur de soumettre à Votre Eminence les considérations suivantes :

Les deux premiers points de la mission qui m'a été confiée auprès du Saint-Siège, par Monseigneur Edouard Charles Fabre, archevêque de Montréal, se lisent comme suit : " Ce monsieur a pour mission d'exposer, entre autres choses, à Notre Saint-Père le Pape et aux Eminentissimes Cardinaux : 1° les détails d'un projet d'union entre l'Ecole de Médecine et de Chirurgie de Montréal et la Faculté de Médecine de l'Université Laval à Montréal ; 2° l'opportunité qu'il pourrait y avoir d'admettre à de certaines conditions, dans l'Université, la dite Ecole avec sa Charte dûment amendée." (Voir document N° I.)

Avant d'aller plus loin, je tiens à faire remarquer qu'il n'y a rien de contentieux dans mes démarches. Je ne viens pas demander de changement aux décrets apostoliques. La Constitution *Jam dudum* est un acte de haute sagesse qui sauvegarde les intérêts de tous. Je suis un partisan, à tout prix, de l'unité universitaire ; et je poursuis, à Rome comme au Canada, une mission de paix et de conciliation.

II

J'ai été nommé Vice-Recteur de l'Université Laval à Montréal le 27 juillet 1889. (Voir document N° II). (1)

Comprenant qu'il ne pouvait guère y avoir de prospérité véritable pour l'Université à Montréal que si les deux écoles cessaient leurs luttes fratricides, et que cet état de rivalité entre institutions catholiques était souverainement dommageable aux meilleurs intérêts de la religion et de l'instruction médicale, je me mis de suite en rapport avec le Président de l'Ecole de Médecine et de Chirurgie de Montréal, pour amener un rapprochement ; et enfin, après bien des correspondances et des pourparlers, le 20 septembre 1889, les représentants autorisés des deux Écoles, signaient, sous forme d'expérience et d'essai, un acte d'union

---

(1) Voir aussi le document N° LII.
(Note de l'édition montréalaise.)

pour deux ans, où il était dit : " Que les membres de l'Ecole de Médecine et de Chirurgie de Montréal consentent à devenir professeurs titulaires de la Faculté de Médecine de l'Université Laval à Montréal, et à fonctionner comme tels suivant les règlements universitaires, à condition que, d'ici à deux ans, ils auront à se décider, d'une manière définitive, s'ils doivent rester avec Laval ou s'en séparer." (Voir document N° III.)

Cette union conditionnelle, je le comprends, n'est pas ce qu'on pourrait souhaiter de mieux ; mais dans les circonstances, vu les défiances accumulées, c'était la seule possible. Le point faible de cet arrangement est celui-ci : Dans deux ans, quand bien même la majorité des membres de l'Ecole de Médecine et de Chirurgie resterait avec l'Université, un nombre quelconque de professeurs dissidents pourraient se jeter à leur Charte civile, continuer l'Ecole, et en reconstituer le Corps enseignant avec des médecins qui seraient loin d'être aussi bien disposés que l'est la grande majorité, au moins, de ceux qui la composent aujourd'hui ; et alors la lutte recommencerait plus vive encore, et plus radicale. Mais il importait, au jugement de ce qu'il y a de plus éclairé et de plus sage à Montréal, d'essayer un rapprochement, avec l'espérance que, pendant ces deux ans, le contact journalier ferait disparaître bien des préjugés, créerait chez les médecins des deux Écoles des intérêts communs, et amènerait, comme par la force des choses, une solution définitive. Les démarches que, actuellement, nous faisons en commun auprès du Saint-Siège, monsieur le docteur Desjardins, délégué de l'Ecole de Médecine, et moi, Vice-Recteur de l'Université à Montréal, semblent donner raison à ces prévisions.

Le 25 septembre, je soumettais au Conseil Universitaire à Québec l'Acte d'union entre les membres de l'Ecole de Médecine et de Chirurgie de Montréal, et la faculté de Médecine de l'Université à Montréal. (Voir document N° IV.)

Le 30 septembre, le Conseil Universitaire l'acceptait. (Voir document N° V.)

Le 1ᵉʳ octobre, les membres de la Faculté de Médecine de l'Université Laval à Montréal, suivant dans leurs procédés les dispositions de la Constitution *Jam dudum*, admettaient dans la Faculté nommément, comme professeurs titulaires, les professeurs titulaires de l'Ecole de Médecine et de Chirurgie de Montréal, ainsi que deux de ses professeurs agrégés, et en recommandaient la nomination officielle au Conseil Universitaire. (Voir document N° VI.)

Le 5 octobre, le Conseil Universitaire approuvait la nomination des dits professeurs. (Voir document N° VII.)

Le 9 octobre, les Cours s'ouvrirent unis.

III

Le jour même de l'ouverture des cours, un certain nombre d'élèves, montés par des personnes mécontentes de cet arrangement, firent, à cette occasion, une démonstration tout à fait inconvenante et regrettable.

Deux professeurs, qui étaient absents pendant les négociations, avec un troisième qui n'avait jamais appuyé le projet d'union, se constituèrent en opposition formelle aux clauses de l'arrangement. En sorte que, dans l'Ecole de Médecine, six des professeurs titulaires sont pour cette union avec Laval, et trois contre.

Certains professeurs de l'Ecole de Médecine consultèrent un avocat de réputation, qui donna par écrit une opinion motivée, soulevant des doutes sur la valeur légale des procédés et des arrangements pris entre la Faculté de Médecine de l'Université Laval à Montréal et les membres de l'Ecole de Médecine. Ce factum fut publié dans la presse quotidienne ; il réveilla des soupçons et des défiances endormis, et l'opinion publique en éprouva du malaise. Je suis loin d'admettre toutes les conclusions de ce mémoire ; cependant, je ne crus pas devoir y répondre, afin de ne pas alimenter une discussion qui n'aurait amené aucun résultat.

Les trois médecins dissidents envoyèrent à l'Archevêque de Montréal un protêt notarié, protestant contre l'union qui avait été signée par leurs collègues, mais en même temps déclarant " qu'ils sont prêts à accepter une union qui assure à l'Ecole la conservation, non seulement temporaire, mais indéfinie de sa Charte, de son autonomie et de ses privilèges." (Voir document N° VIII.)

Les élèves mécontents, encouragés par cette attitude des trois professeurs dissidents, rendirent impossibles les cours, qui se donnaient dans les salles de l'Ecole de Médecine et de Chirurgie.

Alors, afin de pouvoir donner leurs leçons dans le calme, avec fruit pour les élèves, les anciens professeurs de la Succursale et les six professeurs formant la majorité de l'Ecole de Médecine, résolurent, le 25 novembre 1889, de donner leurs cours, chacun dans les salles de leur école respective, sans cependant renoncer au projet d'union, s'engageant même à recourir au Saint-Siège, pour en obtenir un bienveillant secours, afin de lever les obstacles qui pourraient s'opposer à une union définitive. (Voir document N° IX.)

Or, un de ces principaux obstacles est la Charte de l'Ecole de Médecine et de Chirurgie de Montréal, que les professeurs, les anciens élèves et les amis nombreux de la dite Ecole tiennent à conserver, afin, disent-ils, de ne pas se détruire de leurs propres mains, et de ne pas perdre le fruit d'un passé qui ne fut pas sans gloire.

IV

La majorité des membres de l'Ecole s'offre à faire amender leur Charte de manière à rencon- les prescriptions des décrets apostoliques, entre autres, à admettre les nouveaux professeurs titulaires, non par le concours, mais, comme le prescrit la Constitution *Jam dudum*, par le choix des professeurs existants, et à laisser à l'Archevêque de Montréal le droit de veto sur toutes les nouvelles nominations.

Par là, la majorité des membres de l'Ecole

empêche la Charte, après deux ans, de tomber
entre les mains des dissidents, et enlève aux
ennemis irréconciliables de l'Union universitaire, les prétextes et les armes pour la combattre. Les dissidents auront ce qu'ils demandent, la conservation indéfinie de leur
Charte amendée et rendue catholique. Ils
peuvent s'opposer devant les tribunaux, parait-
il, à la destruction de la Charte ; ils ne peuvent
s'opposer à son amendement que devant la législature ; et si la législature juge à propos de
l'amender, ils doivent subir toutes les conséquences qui découlent de cet amendement, bon
gré mal gré. De plus, l'union, au lieu d'être
temporaire, peut devenir de suite définitive.

L'Archevêque a consenti à étudier le projet,
savoir, de mettre la Charte de l'Ecole de Médecine à la base de la faculté de Médecine de
l'Université Laval à Montréal, à condition que
ces amendements à la Charte, avant d'être présentés au parlement de la province de Québec
dont la Charte relève absolument et exclusivement, seraient soumis aux autorités romaines,

que les droits de tous les professeurs actuels de la Faculté de Médecine de l'Université à Montréal seraient sauvegardés, et que cette Charte amendée ne constituerait pas dans la Faculté de de la Succursale un gouvernement dans un gouvernement. (Voir document N° X.)

Le 7 et le 8 janvier 1890, Nosseigneurs les Evêques de St-Hyacinthe et de Sherbrooke ont approuvé et appuyé de leur signature cette position prise par Monseigneur l'Archevêque de Montréal, qui demande au Saint-Père, s'il ne serait pas " opportun d'admettre, à de certaines conditions, dans l'Université, la dite Ecole, avec sa Charte dûment amendée." (Voir document N° I.)

V

Ce projet, s'il est mené jusqu'au bout avec la même bonne volonté, outre qu'il ferait cesser des discussions malheureuses, satisferait, je n'en doute pas, les gens raisonnables de tous les partis, rallierait autour des études universitaires les sympathies, maintenant divisées, du district de Montréal.

L'Ecole continuerait à administrer ses biens, dettes et revenus; et, par là, se trouverait résolue une difficulté qui est restée insoluble jusqu'ici. Avant tout, ce qu'il importe à l'Eglise, c'est d'avoir la direction, non des propriétés, mais bien de l'enseignement des facultés universitaires.

Les droits du Conseil de l'Université, tels que définis par la Constitution *Jam dudum*, seraient respectés, et nous aurions, à Montréal comme à Québec, l'unité universitaire devenue indiscutable et indiscutée.

Les droits matériels du Séminaire de Québec ne se trouveraient lésés en rien, puisqu'il a abandonné l'administration financière de la Succursale, du jour même que j'ai été nommé Vice-Recteur. (Voir document N° XI.)

Même ce serait un avantage, non seulement pour le district de Montréal, auquel cet arrangement apporterait la paix, mais encore pour l'Université en général. Son existence se trouverait assurée, à Montréal, d'une manière définitive. Sinon, à moins que l'Ecole de Médecine ne se perde par ses propres fautes, et qu'on ne prenne des mesures énergiques, elle continuera à végéter, en butte aux attaques de toutes sortes. Cet état de choses continuant, on finira infailliblement par demander une Université laïque ; et, pour des raisons diverses, on l'obtiendra peut-être de la législature. Alors il sera trop tard pour parler d'union.

Mais, ce qui est d'une bien plus grande importance, ce projet assurerait l'exécution pleine et entière des décrets apostoliques, malheureusement trop discutés, et diversement interprétés jusqu'ici. Il y va du bien et de l'honneur de la religion et du respect dû à la Sainte Eglise Romaine.

VI

C'est pourquoi je m'unis à Monsieur le Docteur Desjardins, pour demander au Saint-Siège qu'il soit permis à l'Ecole de faire amender sa

Charte, de manière à rencontrer les prescriptions des décrets apostoliques, dans le but de
faciliter entre l'Ecole de Médecine et de Chirurgie de Montréal, et la Faculté de Médecine
de l'Université Laval à Montréal, une union
définitive, espérant toujours rencontrer, chez la
majorité des membres de l'Ecole, sincérité et
bonne volonté.

Si le projet d'amendement de la Charte de
l'Ecole de Médecine agrée au Saint-Père, qu'il
me soit permis de faire remarquer combien il
importe, pour le succès de l'affaire, qu'il soit
donné une réponse sous bref délai. Le parlement de la Province de Québec est en session
depuis les premiers jours de janvier ; il sera
prorogé probablement dans la seconde quinzaine
de mars. Il n'est pas d'usage d'introduire de bills
dans les dernières semaines d'une session par-
lementaire. Un renvoi de ce projet à une autre
année pourrait être regardé comme un échec.
Dans l'état de surexcitation et d'incertitude où
se trouvent les esprits dans notre pays, il ne serait pas prudent de prêter flanc aux défiances, et

de laisser le champ libre aux attaques des adversaires. Sachons profiter des circonstances favorables, et des bonnes dispositions du moment.

De plus, si le projet de Monsieur Desjardins n'est pas désagréable au Saint-Siège, et si l'Ecole de Médecine et de Chirurgie de Montréal réussit à faire dûment amender sa Charte, je demande au Saint-Père qu'il soit permis à l'Archevêque de Montréal, en union avec ses suffragants, d'entrer en arrangement avec l'Ecole de Médecine et de Chirurgie de Montréal, pour l'admettre dans l'Université Laval à Montréal avec sa Charte dûment amendée ; cela, bien entendu, sous la haute approbation du Conseil Universitaire, (1) que je considère grandement, et dont je respecte la légitime autorité.

---

(1) Instruit par ce qui s'était passé dans le cours de février et de mars 1890, pendant que l'Ecole de Médecine essayait de faire reconnaître par la Législature de Québec les amendements qu'elle avait décidé d'apporter à sa Charte, et concevant pour l'avenir des craintes et des prévisions que l'événement n'est venu justifier que trop, pour ces motifs, dans un mémoire que je présentai à Son Eminence le Cardinal Simeoni le 1er juin 1890, j'allai plus loin, et je demandai " qu'on voulût bien écrire aux mêmes dits Archevêque et Evêques (de la Province de Montréal), de la part de Notre Très Saint Père

Humblement prosterné aux pieds de Sa Sainteté, je prie et je ne cesserai de prier. (1).

Je demeure avec les sentiments de la plus profonde vénération,

De Votre Eminence,

Eminentissime Seigneur,

Le très humble et très dévoué serviteur,

J. B. PROULX, *Prêtre*,

Vice-Recteur de l'U. L. M.

le Pape, faisant appel à leur prudence, à leur discernement et à leur autorité, afin que tous au Canada sachent bien qu'il leur appartient par une mission spéciale de prendre des moyens de régler cette question." (Note de l'édition montréalaise.)

(1) Pour la réponse à ce mémoire, voir document N° XLVIII. (Note de l'édition montréalaise.)

MÉMOIRE

SUR

LES COMPTES DU SEMINAIRE DE QUEBEC

CONTRE

LA SUCCURSALE DE L'UNIVERSITÉ LAVAL A MONTREAL

PAR

L'ABBÉ J. B. PROULX

VICE-RECTEUR DE L'UNIVERSITÉ LAVAL A MONTRÉAL

1890

ROME

Imprimerie A. Befani

~~~~~~~~

A SON ÉMINENCE

LE CARDINAL SIMEONI

PREFET DE LA SACREE CONGREGATION DE LA PROPAGANDE

EMINENTISSIME SEIGNEUR,

J'ai l'honneur de présenter à Votre Eminence mon " Mémoire sur les comptes du Séminaire de Québec contre la Succursale de l'Université Laval à Montréal."

Votre Eminence y trouvera d'abord un sommaire assez détaillé pour donner une idée d'ensemble de la démonstration que je prétends établir.

En second lieu, suit le mémoire lui-même en vingt-trois articles, où sont prouvées successivement les vingt-trois propositions énoncées dans le sommaire.

Enfin, annexées au mémoire, viennent les pièces justificatives, qui permettront à Votre Eminence de s'assurer, au besoin, de la valeur qu'ont réellement les différentes assertions par moi avancées.

Si, au milieu de tant de questions diverses que je me vois forcé de traiter, il s'était glissé une erreur, quelque petite qu'elle puisse être, je la désavoue ; et je serai très reconnaissant à celui qui me la fera remarquer, afin que je la corrige de suite. Car, que Votre Eminence en soit bien persuadée, dans ce mémoire, comme dans celui que je lui ai déjà passé, ainsi que dans ceux que j'aurai l'occasion de lui remettre sous peu, je ne poursuis d'autre but, que l'exposition sous son vrai jour d'une situation trop embrouillée, les intérêts d'une paix qui soit équitable afin d'être durable, et la prospérité, également dans toutes les parties de notre pays, de cette Université Catholique que le Saint-Père voudrait y voir fleurir bien équilibrée, grande et une.

Je suis avec les sentiments de la vénération la plus profonde,

De Votre Eminence,

Eminentissime Seigneur,

Le très humble et très obéissant serviteur.

J. B. PROULX, *Ptre,*

Vice-Recteur U. L. M

SOMMAIRE

DU MÉMOIRE SUR LES COMPTES

CHAPITRE PREMIER

REMARQUES PRÉLIMINAIRES.

I. —L'objet de ce mémoire est d'exposer au Saint-Siège les raisons pour lesquelles le Vice-Recteur de l'Université Laval à Montréal, l'abbé J. B. Proulx, n'a pu recevoir les comptes du Séminaire de Québec contre la dite Succursale, et en même temps de lui demander de vouloir bien désigner un tribunal d'arbitrage qui décide, entre les administrateurs actuels de la Succursale et le Séminaire de Québec, de leurs points de vue différents.

II. —Tout à fait bien disposé vis-à-vis du Séminaire de Québec, le Vice-Recteur a toujours été prêt, et l'est encore, à payer tout ce que doit réellement la Succursale.

III. —Toutefois il a été surpris de la précipitation avec laquelle on lui présenta d'abord ces comptes et l'on en pressa l'acceptation immédiate.

IV. —D'autant plus que, pendant quatre ans, le Séminaire de Québec n'avait pas satisfait, comme il s'y était engagé, à l'obligation de rendre à l'Archevêque de Montréal les comptes annuels de la Succursale.

V. —Cependant, comme preuve de sa bonne volonté, huit jours seulement après son acceptation de la charge de Vice-Recteur, il était déjà prêt à recevoir les comptes du Séminaire de Québec, ayant dû préablement se faire nommer procureur *ad hoc*, et ayant cru devoir s'entourer d'un Conseil d'hommes compétents.

CHAPITRE DEUXIÈME

LA PREMIÈRE REDDITION DE COMPTES

VI. —Les pouvoirs de M. l'abbé Marcoux, délégué du Séminaire de Québec, parurent tout d'abord n'être pas clairement définis.

VII. —La manière dont il présenta ces comptes était, pour le moins, insolite et étrange.

VIII. —Plusieurs items, pour être intelligibles, auraient eu besoin d'explications plus détaillées.

IX. —Le Séminaire faisait payer des intérêts et des taxes sur des terrains dont il gardait la propriété ! et cela, après avoir réalisé un profit de P.(1) 24,026.00 sur la vente d'un premier terrain qui avait

---

(1) Le signe $ ne se trouvant pas à l'imprimerie de M. Befani, je dus avoir recours, pour désigner la piastre, à la lettre P. A Montréal, je reviendrai à notre signe habituel. (Note de l'édition montréalaise.)

été acheté primitivement pour les besoins de la Succursale.

X. —Ces comptes ne faisaient aucune mention des arrérages qui s'élèvent à plus de $5000.00.

XI. —Ils présentaient un item de $6138.30 que la Succursale croit ne pas devoir.

XII. —Surtout, le même principe ne sert pas de base aux comptes de la dépense et aux comptes de la recette, comme le prouve l'*item des voyages à Rome* qui, à lui seul, monte à $5930.46.

XIII. —Il existe dans l'Archidiocèse de Montréal une opinion nombreuse, que la Succursale ne doit rien au Séminaire de Québec, ce qui oblige à une grande prudence ceux qui sont chargés d'examiner et de recevoir ces comptes au nom de cet Archidiocèse.

XIV. —Pour toutes ces raisons, le Conseil d'affaires s'unit au Vice-Recteur pour demander à M. Marcoux des comptes plus clairs, plus complets et plus détaillés.

CHAPITRE TROISIÈME

LA DEUXIÈME REDDITION DE COMPTES

XV. —Si la deuxième reddition de comptes retarde quelque peu, ce retard est dû entièrement à **M.** Marcoux qui avait besoin de temps pour la préparer, et aucunement au Vice-Recteur qui apporta, pour l'examiner, la plus grande diligence possible.

XVI. —**Le** Séminaire de Québec, changeant sur un point sa base d'opération, rembourse à la Succursale des intérêts et des taxes sur certains terrains, pour rendre plausible une prétention qu'on ne peut, toutefois, accepter à Montréal.

XVII. —Il met à la charge de la Succursale des dépenses de plus de $7200.00 faites à l'occasion de constructions projetées, tout en gardant les profits faits également à l'occasion de ces mêmes constructions.

XVIII.—Cette seconde reddition de comptes n'est guère plus détaillée que la première ; elle n'est pas plus complète ; et, en certains points, elle est plus obscure.

XIX. —Mgr Paquet interprète la teneur de l'Indult du 5 mai 1889, sur les revenus que le Saint-Siège procure à l'Université, en des termes qui portent à douter de l'à-propos qu'il pourrait y avoir, dans les intentions mêmes de Rome, de presser aussi vivement l'acceptation quasi instantanée et le paiement immédiat au moins d'une partie de ces comptes.

XX. —Le Conseil regrette, avec le Vice-Recteur, de constater que, tant que le Séminaire de Québec maintiendra les mêmes prétentions, il est impossible d'en arriver à un arrangement à l'amiable.

CHAPITRE QUATRIÈME

CONCLUSIONS DE CE MÉMOIRE

XXI. —En même temps qu'il refuse d'écouter de nouvelles propositions de la part des administrateurs de la Succursale pour amener une entente sur ces comptes mis en avant par le Séminaire de Québec lui-même, Mgr Paquet montre au Vice-Recteur la route de Rome. L'y voici.

XXII. —Le Vice-Recteur demande, pour juger, d'une manière définitive, de ces prétentions diverses sur les comptes que présente le Séminaire de Québec contre la Succursale de l'Université Laval à Montréal, un tribunal d'arbitrage, au choix du Saint-Siège.

XXIII. —Il s'offre à payer ce que la Succursale doit au Séminaire de Québec, aussitôt et de la manière que ce tribunal l'aura décidé.

CHAPITRE PREMIER .

I

Délégué auprès du Saint-Siège par Nosseigneurs l'Archevêque et les Évêques de la Province ecclésiastique de Montréal, pour traiter de plusieurs questions qui regardent l'Université Catholique au Canada (voir document N° I), j'ai l'honneur d'exposer, dans les pages suivantes, au Saint-Père et aux Eminentissimes Cardinaux qui composent la Sacrée Congrégation de la Propagande, brièvement, les raisons pour lesquelles je n'ai pu, malgré la meilleure bonne volonté de ma part, recevoir les comptes que le Séminaire de Québec a présentés contre la Succursale de l'Université Laval à Montréal.

En même temps, dans le dessein d'amener, sous bref délai, un règlement de comptes définitif et satisfaisant pour toutes les parties intéressées, je me permets de demander respectueusement au Saint-Siège de vouloir bien nommer un tribunal d'arbitrage pour nous entendre et décider, avec autorité, de nos points de vue différents.

II

Je ne viens me plaindre amèrement de personne. Je respecte grandement ces Messieurs du Séminaire de Québec, et en particulier ceux qui sont à la gouverne des affaires. Je suis sous l'impression que le plus grand nombre d'entre eux, fatigués de nos trop longues rivalités, soupirant après le moment où il nous sera donné, enfin, d'avoir la paix dans notre monde universitaire, sont disposés, comme nous croyons l'être de notre côté, pour en arriver à un résultat aussi bienfaisant, à faire de grands sacrifices d'opinion, d'espérances et d'argent.

Il est évident toutefois, par les profondes divergences d'opinion qui nous séparent sur cette question des comptes, que tous, animés qu'ils puissent être de dispositions conciliantes,

n'entendent pas de la même manière les moyens
de conciliation   Quand, dans ce mémoire, j'emploie l'expression " le Séminaire de Québec,"
je dois dire que je veux désigner surtout les
quelques dignitaires, que leur âge, de nombreuses qualités et un dévoument indiscutable
pour les intérêts particuliers de leur maison,
ont porté à la tête de cette vénérable institution. J'aime toujours à croire que nous finirons,
eux et nous, par en arriver à une entente
complète, laquelle serait, dans mon humble
opinion, pour les deux sièges de l'Université, le
principe d'un développement très rapide et
l'ère d'une prospérité sans égale.   Ce que nous
demandons actuellement à Montréal, me paraît
si rationnel, si modéré, que je ne vois pas,
vraiment, comment on pourrait ne pas s'y
prêter volontiers.   Nous ne demandons point
que le Séminaire de Québec cède, de lui-même,
rien de ce qu'il croit être de ses droits ; seulement nous offrons de soumettre nos prétentions
réciproques à un conseil d'hommes honorables,
respectés, acceptables des deux côtés, pour en

passer parce qu'ils auront, après nous avoir
entendus, décidé. Et quant à moi, cette décision, quelle qu'elle soit, sera reçue avec bonheur
comme la solution de nos pénibles différends,
définitive et, par cela même au moins, la
meilleure.

On m'a accusé, en certains quartiers, de vouloir temporiser, et d'avoir apporté, à dessein,
de la mauvaise volonté dans l'examen, le règlement et l'acceptation de ces comptes. Je
n'entreprendrai pas, par des paroles spéciales,
de réfuter cet avancé ; le simple exposé des
faits, je l'espère, en sera une réponse victo-
rieuse. Il prouvera jusqu'à l'évidence que j'ai
toujours été disposé, même anxieux, de payer
au Séminaire de Québec ce que la Succursale lui
doit réellement. Autant et, peut-être plus que
tout autre, j'ai intérêt à soulager mon administration aux affaires de la Succursale de cet
embarras qui la gêne ; et voilà pourquoi je
désire si ardemment que l'examen de cette
question, afin qu'elle aboutisse sans retour, en

vienne, au plus tôt, à être fait, discuté et réglé à son mérite.

En réponse à un autre soupçon qui a été soulevé, je proteste que je suis un partisan de l'unité universitaire, telle que la veut le Saint-Père ; et j'ose me flatter que ma conduite comme Vice-Recteur jusqu'ici, en est considérée, par les hommes impartiaux de n'importe quel parti, comme une preuve indubitable. Dans l'exécution de cette mission difficile, dont m'a chargé la confiance de mes supérieurs ecclésiastiques, de rallier en ces temps agités autour de l'œuvre universitaire les sympathies du district de Montréal, de concilier les intérêts les plus divers, et de créer pour la Succursale des ressources pécuniaires qui, après treize ans d'existence, lui font défaut complètement, j'ai voulu me faire un scrupule de respecter les droits acquis comme les devoirs de la subordination hiérarchique ; et, pour me conduire, à travers tant d'écueils et de difficultés, en outre et au-dessus des conseils de personnages éminents, j'ai pris pour boussole les sages directions des décrets romains, parmi lesquels le moins important, certes, n'est pas la Constitution *Jam dudum.*

Mais venons-en à la question qui fait le sujet
de ce mémoire.

III

Trois jours seulement après que j'eus accepté
la charge de Vice-Recteur, comme je me trouvais
à l'Hôpital, retenu par une indisposition passagère, M. l'abbé Marcoux, l'ex-Vice-Recteur que
je remplaçais, se disant envoyé par le Séminaire
de Québec, me présenta une *petite feuille volante* (1) sur laquelle étaient inscrits, d'une
manière très succincte, les comptes de la Succursale pour l'année courante, et les réclamations
pécuniaires que le Séminaire de Québec prétendait avoir contre elle pour les années précédentes. Le tout se montait à une trentaine de
mille piastres (150,000 francs), si je me rappelle
bien ; car, plus tard, sous prétexte de préparer

_____

(1) Voir document N° XLIX. (Note de l'édition montréalaise.)

de nouveaux comptes, M. Marcoux me demanda de vouloir bien lui passer la petite feuille, et elle ne m'est jamais revenue.

Pendant cinq jours il ne cessa de me presser, à maintes reprises, d'accepter ces comptes immédiatement, surtout de reconnaître à l'instant certains chèques sur la banque dont le terme de paiement était échu, assurait-il : insistant toujours, allant à la fin jusqu'à dire, en présence de Monseigneur l'Archevêque de Montréal, que si je refusais de me rendre à ses demandes, il y aurait, (ce qu'il déplorait beaucoup à cause du scandale), il y aurait du *bruit*.

Je répondis à M. Marcoux qu'il voulût bien attendre quelques jours, au moins jusqu'à ce que je fusse sorti des mains du médecin ; que je ne pouvais, *ex abrupto*, sans examen, accepter décemment des réclamations aussi considérables ; qu'en agissant avec une telle légèreté je serais blâmé, à bon droit, par les évêques, par le clergé, par les laïques de toute la province ecclésiastique de Montréal ; que du reste je ne pensais pas avoir, par le seul fait de ma nomination comme Vice-Recteur, les facultés légales de régler ces questions monétaires ; que, dans tous les cas, aussitôt que je pourrais m'occuper d'affaires, je me ferais donner, par qui de droit, s'il en était besoin, les pouvoirs compétents. Tout de même je ne cacherai pas que cette manière de procéder me paraissait étrange ; et j'étais à me demander pourquoi cette hâte, cette précipitation dans le règlement de questions aussi sérieuses.

IV

Avant d'aller plus loin, je dois faire remarquer qu'il existait depuis l'automne de 1884, entre l'Archevêque de Montréal et le Séminaire de Québec, un arrangement par lequel le Séminaire se chargeait de l'administration financière de la Succursale de l'Université à Montréal ; il s'engageait à rendre les comptes de la Succursale à l'Archevêque, chaque année, au mois d'octobre ; il renonçait au pouvoir de forcer jamais le diocèse de Montréal à reprendre l'administration financière de la Succursale ; mais l'archevêque était libre, en tout temps, de rede- mander cette administration en remboursant au Séminaire de Québec les dépenses que ce dernier aurait pu faire pour le fonctionnement de la susdite institution.

Par ces démarches de M. l'abbé Marcoux, je compris que le Séminaire de Québec, ne se con sidérant plus lié par l'arrangement que je viens d'exposer, remettait lui-même à Monseigneur l'Archevêque de Montréal pour l'avenir l'ad- ministration financière de la Succursale. La preuve en devint encore plus explicite, quelques jours plus tard, lorsque je reçus cette réponse de Mgr B. Paquet, supérieur du Séminaire de Québec : " Par le fait de la nomination du nou- veau Vice-Recteur, le Séminaire a abandonné l'administration financière de la Succursale le jour même de cette nomination." (Voir docu- ment N° XI.)

Les comptes n'ont jamais été rendus au mois d'octobre. C'est malheureux. Pourquoi ? je l'i- gnore. Si on avait jugé à propos de se mettre en règle sur ce point, chaque année, on nous aurait épargné pour aujourd'hui bien du trouble. En face de cet empressement fiévreux de M. Marcoux, je ne pouvais m'empêcher de me dire : Pourquoi être si pressé maintenant, lorsque depuis quatre ans on l'était si peu ?

Je connaissais cet arrangement entre l'Archevêque de Montréal et le Séminaire de Québec ; et il me semblait que, nommé Vice-Recteur alors que cette convention était censée être encore en force, je ne me trouvais pas, par le fait seul de ma nomination, l'agent financier de la Succursale. Par conséquent je ne pouvais, avec les pouvoirs que j'avais alors, régler de tels comptes avec M. Marcoux de suite, à l'Hôpital, quand bien même la prudence et la convenance ne m'auraient pas dicté une autre ligne de conduite.

V

Aussitôt que ma santé fut rétablie, je me fis nommer par l'Archevêque de Montréal, qui dut à cette fin rassembler les membres de sa corporation épiscopale, procureur *ad hoc* pour régler les affaires pécuniaires de la Succursale; et, comme je ne voulais pas prendre sur moi seul la responsabilité d'un règlement de comptes aussi important, je demandai à Mgr l'Archevêque de vouloir bien me donner, pour m'assister de leurs avis et de leur expérience, un conseil d'hommes connus·devant tout le public, autant par leur intégrité que par leur entente des affaires. (Voir document N° XII.)

Ceci se passait le 8 du mois d'août, huit jours seulement après que j'eus accepté la charge de Vice-Recteur. Pouvait-on entrer plus vite en besogne ?

Les Messieurs qui consentirent à faire partie de ce conseil provisoire sont M. L. D. Maréchal, Vicaire général de Monseigneur l'Archevêque de Montréal; l'honorable P. J. O. Chauveau, ancien premier ministre de la province de Québec, et actuellement doyen de la Faculté de droit de l'Université Laval à Montréal; l'honorable juge Jetté, ancien ministre de la Puissance du Canada, et l'un des plus brillants professeurs de la Faculté

de droit de l'Université à Montréal ; et M. J.
P. Rottot, le vénérable doyen de la Faculté de
médecine de ladite Université Laval à Montréal.

Ces noms étaient une garantie du sérieux qui
allait présider à nos délibérations, en même
temps que du grand esprit de bienveillance et
de conciliation qui les animerait vis-à-vis du
Séminaire de Québec. Je ferai remarquer que
je m'étais permis de ne désigner au choix de
l'Archevêque que des hommes reconnus, par tout
le Canada français, comme d'anciens amis du.
Séminaire de Québec, afin de ne pas prêter flanc
au soupçon d'aller chercher mes inspirations
dans les rangs d'un camp adverse, et aussi afin
de montrer aux autorités du Séminaire la bonne
disposition où j'étais de tout régler amiablement
en même temps que convenablement.

CHAPITRE DEUXIÈME

LA PREMIÈRE REDDITION DE COMPTES

VI

Six jours après, le 14 août, le conseil étant organisé, j'écrivis à M. l'abbé Marcoux qu'il pouvait produire ses comptes, lui demandant en même temps, d'une manière très intelligible, ses lettres de pouvoir. (Voir document N° XIII.)

M. Marcoux ne me passa aucun document officiel de sa délégation ; mais, sous sa propre signature, il m'écrivit : "que comme délégué du Séminaire de Québec, et aussi en ma qualité de président du Bureau d'administration du Syndicat financier de l'Université Laval à Montréal, j'ai tous les pouvoirs nécessaires pour régler d'une manière définitive, sur certaines bases, avec Mgr l'Archevêque de Montréal ou son procureur, le bilan de la Succursale pour 1888-89 et les réclamations du Séminaire de Québec

contre la Succursale, pour les années précédentes." (Voir document N° XIV.)

Cette expression " *Certaines bases* " me paraissait un peu vague, et demandait certaines
explications. Je ne pus jamais les obtenir sous
une forme précise et satisfaisante.

M. Marcoux prétendait agir comme président
du Bureau d'administration du Syndicat financier de l'Université Laval à Montréal ; or, d'a-
près le bill qui instituait civilement ce Bureau
d'administration, le Vice-Recteur de l'Université Laval à Montréal en est le président, de
droit. Depuis plus de quinze jours, M. Marcoux
avait cessé d'être Vice-Recteur ; comment pou-
vait-il encore en être le président ? tout au
moins lui aurait-il fallu une délégation de ce
Bureau pour agir en son nom ; et il n'en pro-
duisait aucune. De plus ce Bureau n'avait jamais pris, et n'avait jamais voulu prendre possession des affaires pécuniaires de la Succursale ;
il n'y avait donc rien à régler en son nom.

Ces remarques ne sont pas faites, aujourd'hui,
dans le but de prouver l'incompétence légale de

M. Marcoux pour transiger des réclamations
que lui avait confiées le Séminaire de Québec ;
mais, après la précipitation du début, ces obscurités dans la procédure subséquente explique-
raient mon étonnement, si par hasard j'en ai
laissé paraître alors.

VII

Avec sa lettre du 14 août, M. Marcoux me
passait, sur deux feuilles volantes, " un état des
recettes et des dépenses de l'Université Laval à
Montréal pour l'année Universitaire 1888-89."
(Voir document N° XV.)

Il ajoutait, sur deux autres simples feuilles,
un supplément, comprenant ce que " doit la Succursale de Montréal au Séminaire de Québec
pour dépenses faites depuis son organisation jusqu'à août 1889." (Voir document N° XVI.)

Ces quatre feuilles n'étaient accompagnées
d'aucune pièce justificative quelconque. Je demandai, par mesure de précaution, à M. Marcoux si, au cas où nous croirions par hasard avoir

besoin de quelque document se rapportant à ces comptes, nous pourrions les obtenir. Il me répondit que *non*.

Au premier coup d'œil, je ne pus ne pas remarquer la manière étrange avec laquelle les comptes de 1888-89 étaient présentés. Il y a peut-être de bonnes raisons, claires pour d'autres, secrètes pour moi, d'en avoir agi ainsi. J'en demandai l'explication, on me la promit pour plus tard, elle n'est pas encore venue.

D'abord l'année 1887, dans le supplément, est cotée d'un déficit de $1229.28 ; puis l'année 1888-89 montre, rapporté de l'année précédente, un second déficit de $1604.37. A quoi ont été employées ces 1604 piastres et 37 centins ? et pourquoi faire un partage de déficits que ne comportent pas les années antérieures ?

Deuxièmement, à la fin des comptes de l'année 1888-89, en dehors du balancement des recettes et des dépenses, est renvoyée une dette de $3000.00 Pourquoi ne pas la faire entrer dans l'énumération détaillée de la dépense ?

Cette somme est assez considérable pour qu'on nous dise clairement l'emploi qui en a été fait.

Troisièmement, on renvoie dans un post-scriptum un compte d'une couple de cents piastres, sans indiquer les raisons de cette dépense. Pourquoi ne pas faire entrer cet item, avec les autres, dans l'énumération du détail des dépenses ? mystère.

Quatrièmement, on prétend rendre compte, à part, du bilan de l'année 1888-89 ; et cependant, dans le supplément, cette même année 1888-89 porte un déficit de $4353.14. Pourquoi un supplément à une année dont on est censé donner le détail complet, tant pour les recettes que pour les dépenses ?

Cinquièmement, et dans ce supplément lui-même, à l'année 1888-89, on lit un premier déficit de $1121.26, après lequel on additionne tout ce qui est dû au Séminaire de Québec depuis 13 ans : $16,725.99. Puis, sous une rubrique mystérieuse, arrive le gros déficit suivant : " Prêté pour réparation, etc., Facultés de droit et de médecine, dont intérêt au dix-neuf juin 1889 a été payé par l'archevêque de Québec : $3231.88." Peu m'importe, en réalité, que l'intérêt sur les $3231.88 ait eu l'honneur d'être payé par Son Eminence le Cardinal Taschereau ; mais ce qui m'intéresserait davantage, ce serait de connaître, comme pour les autres emprunts, quel est le prêteur ; ce serait de savoir pourquoi cet emprunt n'est pas porté à la recette comme l'emprunt de $7113.00, fait aux Banques. Enfin pourquoi ces deux manières différentes de présenter le déficit qu'accuse, pour une même année, un même supplément ?

Pourquoi tous ces *à-part* de déficits éparpillés çà et là :

Voyages de Mgr Paquet à Rome et divers
    voyages à Montréal . . . . . . $ 1121.26
Prêté pour réparations, etc . . . . . " 3231.88
Billets endossés, etc. . . . . " 7300.00
Dû à Perrault et Mesnard. . . . . . " 3000.00
Enfin *déficit à la caisse* . . . . " 356.26

Total $ 15,009.40

A-t-on voulu, par là, pallier l'énorme déficit de l'année 1888-89: $15,009.40 !! Je comprends que la caisse ne doive plus que $356.

16, quand, par des transpositions de chiffres, on est parvenu à la soulager de $14,683.04. Mais la Succursale n'en reste pas moins chargée. Encore une fois, pourquoi procéder de cette façon étrange ?

Ce seul *imbrogliamento*, dont je n'ai pu obtenir de M. Marcoux l'éclaircissement, aurait suffi, dans mon opinion, pour me faire demander des comptes plus détaillés et plus clairs. Mais l'étude plus attentive de ces quatre feuilles, me réservait bien d'autres surprises.

VIII

Je ne parle pas : 1° de la somme de $923. 48, payée, pour une seule année, à l'appariteur de médecine et à ses servantes, lorsque, en sus, cet appariteur est logé et chauffé par la Succursale ;

2° Ni des 150 piastres, payées pour la brochure Chandonnet, sans savoir ce que cette brochure a à faire dans la Succursale ;

3° Ni de la somme ronde de $1645.79 pour

dépenses de maison, lorsque déjà ont été payés les réparations, les professeurs, les appariteurs, les serviteurs, les intérêts, les taxes, le bois, le charbon, le chauffage, les honoraires et la pension du Vice-Recteur, les honoraires et la pension du secrétaire, les voyages, les cochers, les dépêches, les annonces, le gaz, l'eau, les sujets pour l'anatomie, et des divers s'élevant à $305.53 ;

4° Ni des 2700 piastres qu'a coûté le Bill de la Succursale, sans compter les télégrammes et les câblegrammes ;

5° Ni de $6686.29 pour voyages, dont $5930,48 pour voyages à Rome seulement ;

6° Non plus que de certains autres points obscurs ou surprenants, dont je ne conteste pas actuellement l'à-propos, mais qui auraient certainement besoin d'éclaircissements pour la satisfaction et l'honneur de celui qui est chargé d'accepter des comptes au nom de tout un archidiocèse.

Qu'on me prouve que je suis obligé de les accepter sans voir, très bien ! Alors je me trouve en face de la soumission, ou de la démission.

Mais, jusque-là, je me crois tenu aux règles ordinaires de la prudence que doit observer, convenablement, tout mandataire.

IX

Ma première surprise fut celle de constater les deux items suivants : le premier de $1000. 00 pour l'intérêt Cherrier, intérêt sur une dette, me dit M. Marcoux, contractée pour l'achat d'un terrain sur lequel on devait élever les constructions de la Succursale ; le second de $635.04 pour payer les taxes sur le dit terrain. Or il n'était fait aucune mention de ce terrain dans l'avoir de la Succursale. Bien plus, M. Marcoux me dit formellement que le Séminaire de Québec n'entendait pas le faire rentrer dans le balancement de comptes. Ainsi, sur ce terrain acheté et possédé pour elle, la Succursale payait les charges, et le Séminaire de Québec gardait le fonds. En réalité, cette manière de faire n'est-elle pas surprenante ? Trois semaines plus tard, le Séminaire semblait avoir compris toute l'inconséquence de cette prétention, et adoptait un autre procédé, en apparence plus rationnel, lequel cependant je n'admets pas davantage. Mais n'anticipons pas. Dans tous les cas, alors j'ignorais le demi-tour à droite qu'on devait faire sous peu.

Pour bien comprendre ce point important, il faut savoir que le Séminaire de Québec avait d'abord acheté, pour la Succursale, un premier terrain qu'il revendit à gros profits; et que immédiatement après cette vente il en acheta, pour la même fin, un second d'une plus grande valeur qu'il possède encore.

Pour preuve de ce que j'avance, je produis trois documents, que j'ai relevés au Bureau d'enregistrement de Montréal-Est, signés par le régistrateur lui-même, monsieur J. C. Auger: le premier, *un tableau indiquant sommairement les transactions du Séminaire de Québec* (Document N° XVII); le second, un *plan* du premier terrain, (Document N° XVIII); et le troisième *un plan* du second terrain (document N° XIX).

On y voit que, le 12 septembre 1882, le Séminaire de Québec achète de M. Côme Séraphin Cherrier, au quartier St-Jacques, sur la rue St-Denis, entre les rues Ste-Catherine et Dorchester, un terrain, partie du lot 432, pour la somme de $50,000.00. En passant, je ferai remarquer que plusieurs personnes, qui se prétendent bien renseignées, assurent que M. Cherrier, grand ami des études universitaires, avait vendu, en faveur et au bénéfice de la Succursale, ce terrain au-dessous de sa valeur réelle. Est-ce le cas ? Est-il fait dans le contrat de vente quelque mention d'une telle intention bienveillante ! Je l'ignore. Je demandai s'il me serait permis de voir ce contrat ; on me répondit que *vraiment j'étais un peu curieux*.

Quoi qu'il en soit, plus tard, comme on peut le voir dans le *tableau* (document N° XVIII), le Séminaire de Québec subdivise ce terrain en trente lots qu'il vend, 27 lots presque en même temps dans l'automne de 1885, et les trois autres en 1887 et 1888, pour la somme totale de $74,026.00, réalisant ainsi sur le prix d'achat un profit de $24,026.00, ce qui serait de beaucoup plus que suffisant pour éteindre la dette qu'on réclame aujourd'hui de la Succursale. Quand ou a trouvé d'un seul coup un tel bénéfice à Montréal, il semble à plusieurs qu'il ne faudrait pas se montrer trop exigeant pour une perte plus minime qu'on aurait pu y rencontrer.

De plus, dans le document N° XVII, on voit que, dans le même automne où il vend son premier terrain sur la rue St-Denis, le Séminaire de Québec achète un peu plus haut sur la même rue St-Denis, entre les rues Sherbrooke et Ontario, trois autres terrains contigus, réunis par lui en une seule et même propriété : le premier, des Demoiselles Cherrier, connu sous le Numéro 1199, pour la somme de $50,000.00 ; le second, de Monsieur A. M. Foster, connu sous le Numéro 1196 et partie de 1197, pour la somme de $10,000.00 ; et le troisième, de Madame Kérouac, connu sous le Numéro partie de 1197, pour la somme de $10,033.00. Ainsi les trois terrains ayant coûté la somme totale de $70,033.00, il reste au séminaire de Québec, en sa faveur, sur la vente du premier terrain, une balance de près de quatre mille piastres (20,000 francs).

Cette dernière propriété (composée des terrains Cherrier, Foster et Kérouac), comme on peut le voir dans le document N° XIX, a été subdivisée en une cinquantaine de lots, que le Séminaire a mis en vente dans les derniers mois de l'année qui vient de s'écouler. La valeur des terrains a augmenté à Montréal, depuis 1885. Ces lots sont situés dans une position meilleure que les trente lots de la rue St-Denis qui ont été vendus $74,026.00 ; et ils sont presque du double plus nombreux. En prenant pour base la première vente, celle-ci dépasserait de beaucoup $100,000.00. (1) Il m'est avis que le Séminaire de Québec s'est montré très prudent, en pressant l'acceptation immédiate de sa réclamation ; car, lorsque tous ces lots seront vendus, en face du bénéfice énorme

_____

(1) Mes prévisions ont été dépassées : il y a de ces emplacements qui se vendent jusqu'à une piastre le pied. (Note de l'édition montréalaise.)

que lui aura rapporté son administration à Montréal, il pourrait avoir mauvaise grâce de réclamer de Montréal un seul sou.

" Très bien ! dira-t-on ; cependant vos calculs de vente, quelque probables qu'ils soient, ne reposent toujours que sur une supposition plus ou moins problématique."—C'est vrai. Mais ce qui n'est pas du tout problématique, c'est le profit considérable que le Séminaire de Québec a fait sur la première vente. Et, surtout, ce qui n'est pas moins réel, c'est qu'on nous demande dans ces comptes, malgré ces profits, de payer des intérêts et des taxes sur des terrains dont on garde la propriété.

X

Je me disais : La Succursale, comme toute institution de ce genre, doit avoir des arrérages ; (et il paraît qu'il y en avait pour plus de $5000.00). Les dettes de cette sorte, il est vrai, sont loin d'avoir une valeur au pair de leur montant apparent ; mais enfin elles valent quelque chose. Et, dans ces comptes, il n'était fait mention d'aucuns arrérages quelconques. J'en parlai à M. Marcoux. " En effet, dit-il, un certain nombre d'élèves ont payé par billets promissoires.—A combien s'élèvent ces billets? —Je ne le sais pas, n'en ayant point additionné la somme." *Un certain nombre* n'était pas un chiffre assez précis pour me permettre de faire un calcul, même approximatif.

Sur ce point, au moins, on avouera que les comptes n'étaient pas complets.

XI

Je vois, à la date du 30 juillet 1880, la seule dont ces comptes fassent mention, deux items ainsi conçus : " Prêté à la Faculté de Médecine pour l'Hôpital Notre-Dame, $4000.00.—Intérêt simple au 30 juillet 1889, $2138.30 " : ce qui forme une somme totale de $6138.30.

D'un autre côté, on m'affirme que cet emprunt a été fait par l'Hôpital Notre-Dame, personne civile tout à fait indépendante de la Succursale :

Succursale et Hôpital étant des institutions amies, à qui je ne connais d'autres liens actuellement que des rapports de services mutuels. Dans ces circonstances, je demandai à M. Marcoux de vouloir bien me montrer l'acte de prêt ; il me déclara ne pouvoir le faire.

Je ne refuse pas absolument de payer cet item. Mais, au milieu des doutes que l'opinion soulève autour de moi, pour pouvoir rendre compte de la prudence de ma propre gestion, avant d'accepter une réclamation de plus de six mille piastres, est-ce trop exigeant que de demander à voir l'instrument juridique qui l'institue ?

XII

J'ai dit plus haut que les voyages à Rome, dont on nous réclame le paiement, s'élèvent à $5,930.46. Cette somme totale se décompose comme suit :

1881, Voyage de M. Th. Hamel à Rome.　$　1,088.00
1884, Voyage de M. L. N. Bégin à Rome.　"　638.87
　"　Payé à M. L. N. Bégin à Rome.　.　"　223.00

1886, Voyage de Mgr Paquet à Rome. . $ 357.93
1888-89, Voyage de Mgr Paquet à Rome. " 1,099.66
" Voyage du juge Baby. . . . " 2,523.00

Total $5,930.46

Mon intention n'est pas de contester, pour le moment, l'à-propos pour la Succursale de payer tous ces voyages à Rome, dont quelques-uns peut-être lui ont été d'une utilité plus ou moins douteuse. Mais tout simplement, et je voudrais qu'on le remarquât bien, cette prétention du Séminaire de Québec établit clairement ce point, qui est d'une très grande importance : c'est qu'il veut faire payer à la Succursale, non seulement ce qu'il a dépensé *à Montréal,* mais ce qu'il a dépensé ou croit avoir dépensé *à l'occasion de Montréal.*

Or, dans un balancement de comptes, le même principe doit présider aux comptes de la recette et aux comptes de la dépense. Il ne peut y avoir là-dessus deux opinions.

Maintenant je me demande : Le Séminaire de Québec, qui met dans le chapitre de ses dépenses ce qu'il a dépensé indirectement à l'occasion de Montréal, fait-il entrer dans le chapitre de ses recettes ce qu'il a reçu indirecte. ment à l'occasion de Montréal ? Est-ce que, par hasard, à cette occasion, Rome ne lui aurait pas accordé quelque petit dédommagement, dont il n'est pas question dans cette reddition de comptes ? Dans tous les cas, laissant de côté toutes questions douteuses, les profits réels, considérables, qui ont été faits sur les terrains, à Montréal, si le Séminaire de Québec ne veut pas les considérer comme des revenus directs, certainement il ne peut refuser d'admettre qu'ils lui sont venus, indirectement au moins, *à l'occasion* de la Succursale de l'Université à Montréal.

C'est pourquoi il me semble que dans cette reddition de comptes, le Séminaire de Québec, pour ne pas soulever d'objections qui me paraissent irréfutables, aurait dû se décider pour l'une de ces deux méthodes : premièrement, recettes à Montréal et à l'occasion de Montréal, dépenses à Montréal et à l'occasion de Montréal ; ou secondement, recettes à Montréal seulement, et dépenses à Montréal seulement.

Mais je répugne tout à fait à cette équation boiteuse : dépenses à Montréal et à l'occasion de Montréal, recettes à Montréal seulement. Le jeu n'est plus possible, la partie n'est pas égale.

XIII

Quel que soit le mode que choisisse le Séminaire de Québec, bon nombre de personnes sont d'avis que la Succursale ne lui doit rien ; même, je crois, c'est l'opinion générale dans l'archidiocèse de Montréal. Je savais cela; d'un autre côté, je voyais, à n'en pas douter, que le Séminaire de Québec, du moins les autorités, n'était pas tout à fait de cette opinion. Alors, que faire ?

Recevoir les comptes aveuglément ? mais l'Archevêque de Montréal, et l'archidiocèse tout entier qui aurait été appelé à payer $26,292.13, auraient pu me demander : "Dans cette pénurie d'éclaircissements et de documents, au milieu de tant de faits obscurs et de principes contestables, sur quoi vous êtes-vous basé pour vous former une opinion ? "

Demander à nos supérieurs communs un tribunal d'arbitrage pour juger des prétentions diverses ? C'est ce que je fais aujourd'hui ; mais, alors, je croyais encore à la possibilité d'en arriver à un arrangement à l'amiable.

Demander de nouvelles explications sur les comptes ? C'est ce qui me paraissait le plus modéré et le plus sage. Et c'est ce que je fis.

XIV

Cependant je ne voulus m'arrêter à aucun parti, donner aucune réponse, faire aucune démarche, avant d'avoir consulté les honorables conseillers que m'avait adjoints Sa Grandeur Monseigneur l'Archevêque de Montréal. Je convoquai une réunion générale du Conseil dans une des salles de l'Archevêché. Elle eut lieu, samedi le 15 août après-midi, le lendemain du jour où M. Marcoux m'avait passé ses quatre feuilles volantes, je veux dire ses quatre pages de chiffres. On ne peut me reprocher, ici du moins, d'avoir voulu traîner les choses en longueur. Tous les membres assistaient à l'assemblée ; je leur exposai dans leur entier les comptes, et ma manière de voir, celle que je viens d'expliquer ci-dessus. Tous, unanimement, après délibération, décidèrent de demander à M. Marcoux des comptes plus clairs, plus complets et plus détaillés.

CHAPITRE TROISIÈME.

LA DEUXIÈME REDDITION DE COMPTES

XV

J'expliquai à M. Marcoux les raisons pour lesquelles nous demandions cette nouvelle reddition de comptes, l'assurant en même temps de notre bonne volonté, et de l'espérance que nous entretenions toujours de tout régler à l'amiable. Il parut admettre que, en effet, il fallait se placer sur une *base nouvelle*, pour me servir de l'expression même qu'il emploie dans une de ses lettres. Avec les pièces qu'il avait entre les mains, disait-il, ce travail n'était l'affaire que de quelques jours ; il nous le promit pour le 22 du mois d'août. (Voir document N° XX.)

Cependant, dix jours plus tard, le 31 du mois d'août, trompé dans son calcul, il m'écrivait que le Séminaire de Québec le retardait, vu qu'il n'avait pas encore reçu de réponse à ses demandes d'éclaircissement sur certains points qu'il avait référés aux directeurs de cette institution. (Voir document N° XXI.)

Les nouveaux comptes m'arrivèrent le 4 septembre au soir, cette fois sur trois feuilles volantes seulement. Les deux premières renfermaient les " Comptes de la Succursale de l'Université Laval à Montréal, recettes et dépenses " pour les années 1884 à 1889. (Voir document N° XXII.) La troisième feuille était un appendice, présentant les " Dépenses faites par le Séminaire de Québec pour la Succursale depuis sa fondation jusqu'au mois d'octobre 1884." (Voir document N° XXIII.)

Ces comptes étaient accompagnés d'une lettre

de M. Marcoux, par laquelle il se mettait "à notre disposition pour donner les explications nécessaires." Il sentait sans doute, en homme intelligent qu'il est, que les *explications nécessaires* n'étaient pas renfermées dans ces trois petites pages. J'aurais préféré les trouver dans le détail des chiffres eux-mêmes. Cependant, faute de mieux, j'étais heureux de cette offre bienveillante ; l'épreuve, quelques jours après, prouva qu'elle ne renfermait pas les promesses que nous nous croyions en droit d'en attendre. (Voir document N° XXIV.)

De suite, comme j'en renouvelai l'assurance à M. Marcoux (voir document N° XXV), je me mis en frais d'examiner cette nouvelle reddition de comptes, et, afin de pouvoir donner, sous le plus bref délai, une réponse autorisée, je convoquai immédiatement le Conseil d'affaires. Les Messieurs, qui en font partie, demeurent en des endroits différents dans l'enceinte d'une grande ville, et ils sont chargés d'occupations très importantes qui ne leur laissent pas leur liberté tous les jours à la même heure. Dans tous les cas, quatre jours seulement après l'avis de convocation, le 9 de septembre, le Conseil se réunissait dans les salles de l'Université. Peut-on apporter au règlement d'une affaire sérieuse une plus grande diligence ?

XVI

La première chose qui me frappa, en jetant les yeux sur cette nouvelle reddition de comptes, ce fut de voir que le Séminaire de Québec remboursait à la Succursale au moins $2,635.00 sur ce qu'il lui demandait de payer, trois semaines auparavant, pour intérêts et taxes sur les terrains. En effet, dans ces derniers comptes du 4 septembre, on lit en faveur de la Succursale :

Payé pour le Séminaire de Québec :

Intérêt Cherrier 1888 - - - -	$ 2,000.00
Taxes 1888-89 - - - - - -	" 635.04

Dans les premiers comptes du 14 août, on lisait contre la succursale :

1888-89, Intérêts Cherrier - - -	$ 1,000.00
" " Taxes sur terrains - -	" 635.04

Dans ces deux redditions de comptes, comme on le voit, les items *taxes* sont les mêmes ; les items *intérêts Cherrier* ne s'accordent pas entre eux.

Cette somme de 2000 piastres, marquée dans la seconde reddition de comptes *intérêts Cherrier 1888*, est-elle pour rembourser les intérêts de 1887-88 et de 1888-89 ?

Je vois, dans ces nouveaux comptes, au même endroit, sous le titre vague de *divers*, un autre remboursement du Séminaire de Québec de $912.05. Serait-ce pour restituer des taxes et des intérêts mis à la charge de la Succursale pour les années précédentes ? Tout ceci n'est pas clair.

Mais ce qui est très clair, c'est le fait que le Séminaire rembourse. Au moins, c'est logique : il garde les terrains, il en paie les charges.

Autre *curiosité*. Comment expliquer de la part du Séminaire de Québec, qui a la réputation louable d'être assez tenace, ce changement de front dans l'espace de trois semaines ? Dois-je rappeler cet apophtegme latin *tu varies, donc tu erres.*

Non, le Séminaire de Québec est un personnage trop sérieux pour tomber à la légère dans une pareille inconséquence, et pour ne pas couvrir cette conversion sur la droite d'un motif important quelconque. Lequel est-il ? Peu accoutumé à la diplomatie et aux diplomates, je ne puis le dire d'une manière certaine. Serait-ce, par exemple, de faire admettre sans contestation, en en payant toutes les charges, le droit qu'il prétend avoir aux terrains avec leurs profits passés, présents et futurs ? très bien. Mais alors, comme j'ai eu l'honneur de l'expliquer au chapitre deuxième, nombre XI, que le Séminaire de Québec, puisqu'il s'attribue les profits qui lui arrivent à l'occasion de la Succursale, consente à accepter également au moins les dépenses indirectes que lui occasionne la même Succursale !

Cependant je dois dire que M. Marcoux m'assura alors, pour la première fois, que le Séminaire de Québec était prêt à nous céder les terrains qu'il avait achetés pour la Succursale sur la rue Sherbrooke. Je pourrais passer cet incident sous silence, puisqu'il n'en est aucunement question dans les comptes; mais je ne veux omettre rien de ce qui peut jeter quelque lumière sur le sujet. Toutefois je dois ajouter en même temps que cette offre était faite avec des restrictions et des conditions telles qu'elle était inacceptable. Certes, si je l'eusse acceptée, le Séminaire aurait pu se flatter d'avoir fait un bon marché.

Ayant posé, en présence de quatre témoins, cette question à M. Marcoux, carrément : "Dois-je comprendre que le Séminaire de Québec garde les terrains qu'il a achetés à Montréal pour la Succursale, avec les bénéfices y réalisés ?—Je suis chargé, dit-il, de vous offrir, si vous les désirez, les terrains de la rue Sherbrooke, à condition que vous remboursiez le prix d'achat, ainsi que les dépenses qu'ils ont occasionnées au Séminaire de Québec depuis qu'ils sont entre ses mains.—Offrez-vous l'ensemble des transactions faites sur les terrains achetés pour la Succursale, profits et pertes, comme vous offrez l'ensemble des transactions faites pour la Succursale sur les autres matiè- res ?—Non. Je vous offre seulement les terrains achetés les derniers, avec leurs chances de profit qui ne sont pas douteuses.—Voulez-vous me coucher cette offre sur le papier ?—Je ne suis pas autorisé à le faire." J'insistai pour avoir un écrit; M. Marcoux refusa.

Pourquoi s'obstiner à ne faire cette offre que de vive voix? *verba volant.* Le Séminaire com- prend fort bien qu'il ne peut nous forcer à accepter les derniers terrains, s'il choisit de garder les profits qu'il a faits sur les premiers. Voilà pourquoi il n'est pas question, même de ces derniers terrains, dans l'avoir de la Succur- sale; voilà pourquoi il s'est décidé à en payer les charges, pour être conséquent avec lui-même et garder le tout. Mais si nous voulions, nous, demander ces derniers terrains; si, alléchés par l'appât d'un profit, non douteux comme dit M. Marcoux, nous consentions à nous en contenter et à partager *en frères* avec le Séminaire de

Québec; oh! alors, la chose serait bien diffé-
rente, le Séminaire y donnerait des deux
mains, se trouvant exempt par notre propre
choix de faire entrer en ligne de compte les
24,026 piastres de profit réalisés sur la vente
des premiers terrains.

Franchement, ne serait-ce pas là que le
Séminaire de Québec voulait nous amener, dans
sa première reddition de comptes, lorsqu'il nous
faisait payer les taxes sur les terrains, et qu'il
en gardait la propriété? Voulait-il en quelque
sorte nous forcer à dire : Nous payons pour ces
terrains, nous les gardons. " Ce n'est là qu'une
supposition, " répondra-t-on. C'est vrai. Mais
quand on nous présente tant de choses obscures,
et qu'on nous refuse toute explication, doit-on
s'étonner que nous ayons recours aux conjec-
tures? Qui pourrait s'en plaindre?

Je répondis à M. Marcoux " que je n'avais
pas de choix à faire, surtout sur une proposition
verbale ; qu'il appartenait d'abord au Séminaire
de Québec d'émettre ses vues d'une manière
positive et régulière ; qu'ensuite j'aurais à voir

si elles nous étaient acceptables ; que, dans tous les cas, je demandais que le *même principe* fût appliqué, et au Séminaire de Québec et à la Succursale, dans l'évaluation des pertes et des profits."

XVII

Voyons, raisonnons un peu ; il s'agit tout simplement d'une comparaison *à pari*.

Pourquoi ces terrains successifs, dont la propriété et la possession sont nées en quelque sorte les uns des autres, ont-ils été achetés ? Jamais le Séminaire de Québec a-t-il songé à spéculer sur les terrains à Montréal ? Sans la raison des intérêts universitaires, cette maison religieuse y serait-elle venue, comme un vulgaire spéculateur, acheter, diviser et vendre des lots à bâtir ? M. Côme Séraphin Cherrier, quand il a consenti à se défaire à très bon marché du premier terrain en question, pensait-il seulement à être agréable et utile au Séminaire de Québec, ou voulait-il en même temps favoriser l'établissement de la Succursale de l'Université Laval à Montréal ?

Soyons de bon compte, du reste c'est un fait public que tout le monde connaît : ces terrains, dès le commencement, les uns après les autres, ont été achetés pour la Succursale, pour y bâtir les *constructions* projetées de la Succursale ; ils ont été achetés *par* le Séminaire de Québec, *parce que* la Succursale ne pouvait légalement posséder, et *parce que* le Séminaire de Québec avait accepté de Monseigneur l'Archevêque de Montréal, seule personne canoniquement responsable pour l'existence matérielle de la Succursale, d'en être l'administrateur financier.

Une petite remarque, en passant : supposons que ces terrains eussent été pour le Séminaire de Québec une cause de *pertes*, et non de profits, croyez-vous qu'il ne les aurait pas portées au chapitre de nos dépenses ? pour avoir une réponse à cette question, il suffit de jeter un coup d'œil sur l'ensemble et la nature de ses réclamations.

Ces terrains, avons-nous dit, ont été achetés

pour les *constructions* de la Succursale. Or le Séminaire nous présente des comptes comme je vais l'expliquer à l'instant, extraordinaires et surprenants sous la rubrique de *constructions*. Pourquoi cette logique à deux prismes ? Les constructions lui occasionnent dés profits, à lui administrateur, il les garde. Elles lui occasionnent des dépenses, il nous les donne.

Disons d'abord que le mot "constructions" ne peut signifier ici que plans ; car il n'a rien été construit, à Montréal, pour la Succursale, autre chose que des plans. Voici le détail :

```
Constructions 1886-87  . . . . . . .  $    226.50
    "      "    1887-88  . . . . . . .  "  1,963.90
    "      "    1888-89  . . . . . . .  "  2,061.75
    "      "    1888-89, dû à Perrault et Mes-
                 nard  . . . . . . .  "  3,000.00
                                      _____
                                        $7,252.15
```

Je fais entrer dans cet item, jusqu'à preuve du contraire, les 3,000 piastres dues à Perrault et Mesnard, architectes, bien qu'elles ne portent aucune indication quelconque, parce que M. Perrault m'en a réclamé le paiement, sous l'affirmation qu'elles lui étaient dues pour confection et revison de plans. Ainsi donc, ces plans somptueux, plutôt dignes d'un riche gouvernement que d'une pauvre Succursale, lesquels ne seront probablement jamais exécutés, coûtent plus de 7,200 piastres, c'est-à-dire plus de 36,000 francs.

Chose étonnante, quand on se lançait ainsi à cœur-joie dans de semblabes dépenses seulement pour des plans on n'avait pas un seul sou pour bâtir, puisque, pour tout avoir, la Succursale n'a jamais eu, au compte du Séminaire de Québec, que le capital de ses dettes. Certes on n'a pas suivi, en cette circonstance, le conseil de l'Ecriture : *Quis enim ex vobis volens turrim ædificare, non prius computat sumptus, qui necessarii sunt, si habeat ad perficiendum.*

Quelques personnes, de bonne foi j'aime à le croire, se nourrissaient d'espérances frivoles, et trompaient le public par des assurances téméraires, faisant par là beaucoup de tort à l'avenir de l'Université à Montréal. Et maintenant, pauvre pupille, paie les pots cassés. Est-ce qu'un administrateur, dans la gestion des biens de son administré, n'est pas tenu au moins aux règles élémentaires de la prudence ? Dans tous les cas, si l'administré doit payer les dépenses imprudentes qui ont été faites sur une matière à son occasion, ne doit-il pas bénéficier des profits qui auraient pu être faits, sur la même matière, également à son occasion ? Or il s'agit ici de dépenses à l'occasion des constructions, et de profits à l'occasion des mêmes constructions.

Je récuse la règle : *deux poids et deux mesures*.

XVIII

Nous avions demandé à M. Marcoux une reddition de comptes plus détaillée, plus complète et plus claire. Eh bien ! je ne crains pas de l'affirmer : celle qu'il nous apporta en réponse, n'est guère plus détaillée ; elle n'est pas plus complète ; et, en certains endroits, elle est certainement moins claire.

Ces nouveaux comptes, tout comme les premiers, ne font aucune mention d'arrérages.

Seulement, au moment même où j'allais rencontrer les membres du Conseil d'affaires déjà réunis, M. Marcoux me remit une petite lettre, par laquelle il me disait que les arrérages s'élevaient à plus de 5000 piastres, et qu'il ne doutait pas que le Séminaire de Québec ne nous les abandonnât, si nous nous arrangions à l'amiable. (Voir document N° XXVI.) Pourquoi cette condition ? pourquoi, même avec cette condition, n'était-il pas certain ? Par qui étaient dus ces arrérages ? A quelle date tombait l'échéance des paiements ? Pourquoi ne pas les faire rentrer dans les comptes, régulièrement ? Autant de mystères. Franchement, est-ce de cette manière qu'on a coutume de procéder en affaires sérieuses ?

Les contradictions, du moins apparentes, pullulent. Je défie le teneur de livres le plus perspicace de faire accorder entre eux nombre d'items de la première et la seconde reddition de comptes. En voici deux exemples : 1° Item des *voyages, cochers* et *dépêches*, réunis pour l'année 1888-89, première reddition de comptes : $4,-

013.56 ; deuxième reddition de comptes : $2,-946.46, ce qui fait la jolie différence de $1,-067.10.—2° item des *dépenses de maison* pour l'année 1888-89, première reddition : $1,645.-79 ; deuxième reddition : $1,857.29. Les dépenses, en trois semaines, par la simple manipulation des chiffres, se sont accrues de $211.-50. Pour ne pas surcharger ces remarques, je m'abstiens de faire des citations plus nombreuses. Je me contente de renvoyer aux pièces justificatives qui sont annexées à ce mémoire (voir documents Nos XV, XVI, XXII et XXIII), certain qu'au premier coup d'œil on pourra se convaincre de la vérité de ce que j'avance.

Du reste, comment pourrait-il en être autrement, lorsque les deux redditions de comptes arrivent à une différence de résultat qui se chiffre par $6,619.03. La première nous demandait $26,292.13 ; la deuxième a baissé au niveau de $19,673.10.

"Mais, dira-t-on, cette différence est produite par la remise d'argent que le Séminaire de Québec a faite à la Succursale, en se décidant à payer lui-même les taxes et les intérêts sur les terrains."—Peut-être ; mais cela n'appert nulle part, d'une manière satisfaisante. Voyez le document N° XIII. Si, d'un côté le Séminaire rembourse $3,547.09, d'un autre côté, il se fait rembourser par la Succursale pour loyers, diplômes et divers, la sommes de $2,829.86, réduisant par là même son propre remboursement à $717.23. Ainsi cette minime remise de quelques centaines de piastres par le Séminaire n'explique pas la grande différence de plusieurs milliers de piastres qui existe entre les totaux des deux redditions de comptes : $6,619.03.

On s'obstine, dans cette deuxième reddition, comme dans la première, à renvoyer en dehors du tableau des dépenses, une somme de 3000 piastres, sans dire à quelle année elle appartient, sans expliquer la fin à laquelle elle a été employée. De plus, on nous apporte un petit tableau de remboursements réciproques entre le Séminaire et la Succursale, et cela encore en dehors du balancement annuel des recettes et des dépenses. (Voir document N° XXII.) Pourquoi, pour ces remboursements et ces 3000 piastres, faire une exception à la règle générale ?

Nous demandions des éclaircissements ; on nous apporte de nouvelles énigmes. En face de ces irrégularités, anciennes et nouvelles, est-il étonnant que nous ne nous soyons pas déclarés en tout point satisfaits ?

XIX

Je ne dois pas oublier, ici, de dire que le 25 du mois d'août j'étais descendu à Québec, pour parler à Mgr Paquet, à la fois Recteur de l'Université et Supérieur du Séminaire de Québec; entre autres choses, des comptes du Séminaire contre la Succursale. Sur ce sujet, tout en exprimant certaines surprises à l'occasion de certaines manières de faire de la part de son délégué, il me renvoya tout de même à M. Marcoux qui était chargé, disait-il, de régler cette question.

Je lui demandai si l'Indult, qui accordait, à

l'usage des fins universitaires, cinq centins sur l'honoraire de chaque messe envoyé hors du pays, avait été renouvelé. Il me répondit qu'il lui était impossible de me rien apprendre sur ce sujet, mais que, si je l'osais, je pouvais m'adresser au Cardinal Taschereau. Je m'adressai à Son Eminence ; elle me répondit, franchement et laconiquement : *Oui.* (1)

En quels termes était conçu cet Indult ? je l'ignorais ; car il ne fut communiqué, aux évêques des provinces ecclésiastiques de Québec et de Montréal, que le 13 de septembre.

C'était le 25 août. Le 29 du même mois, Mgr Paquet, de peur que je n'eusse pas bien compris sans doute, m'écrivait, cette fois sans que je lui eusse fait de nouvelles demandes, que " l'Indult accordé par le Saint-Siège cette année est tout en faveur de Québec et que Montréal ne percevra rien en vertu de cet Indult." (Voir document N° XI.)

---

(1) De ce moment, dans une longue conversation, Mgr Paquet devint apparemment très communicatif, interprétant l'Indult sans cependant m'en faire connaître les termes. (Note de l'édition montréalaise).

Et, qu'on veuille bien le remarquer, cet avis venait immédiatement après cette autre phrase, non moins significative : " Il est bien entendu toutefois que la Succursale se trouve chargée des dettes contractées pour elle l'année dernière et de ce que le Séminaire a dépensé pour la faire fonctionner pendant les années qu'il en a été l'aministrateur financier."

On avouera que cette phraséologie n'était pas calculée pour me faire comprendre que, dans cet Indult, il était question du paiement de la dette de la Succursale. Aussi, au premier abord, je compris, avec toutes les personnes à qui je dus montrer la lettre de Mgr Paquet, que tous les revenus provenant des messes de la province ecclésiastique de Montréal, comme ceux de la province de Québec, étaient donnés au Séminaire de Québec, purement et simplement, sans qu'il ne fût question aucunement de Montréal.

J'étais loin de soupçonner que l'Indult du 5 mai 1889, en ce qui regarde Montréal, était conçu en des termes aussi favorables : " .... ita ut quæ ex hâc postremâ (provinciâ Marianopolitanâ) mittuntur extra provinciam pro celebratione, tribuantur Archiepiscopo Quebecénsi in diminutionem debiti partis Marianopolitanæ Universitatis." (Voir document N° XXVII.)

Il me semble que j'aurais raison de n'être pas très flatté de ce procédé, surtout lorsque je considère que j'étais allé, dans l'exercice de mes fonctions, consulter un supérieur, sur une matière qui regarde l'Université en général comme la Succursale en particulier. On me remet l'administration de la Succursale, que je le veuille ou que je ne le veuille pas ; on m'avertit qu'une dette pèse sur la Succursale ; on presse la reconnaissance immédiate de cette dette ; on en exige de suite une partie du paiement ; et, tout le temps, on me cache la teneur véritable du document le plus important sur la question, d'un document qui délimite la sphère des intérêts que j'ai la mission de sauvegarder. Non seulement on me cache la teneur de l'Indult, mais on me refuse, lorsque je les demande, des explications auxquelles j'ai un droit de convenance incontestable ; non seulement on me les refuse, mais par des paroles mesurées, on me met sur le chemin de conclusions plus au moins *rigoureuses*. C'est un peu fort. On serait porté à croire que, dans cette circonstance, chez Mgr Paquet, le Supérieur du Séminaire de Québec avait absorbé complète- ment le Recteur de l'Université Laval.

" Mais, dirait-on, il ne nous appartenait pas, à nous, de publier l'Indult." Eh bien ! alors, avant de presser de cette manière le règlement de ces comptes, il fallait ou obtenir la publication de l'Indult, ou se procurer la permission de le faire connaître aux intéressés, tel qu'il est, ou at- tendre encore quelques semaines que cet Indult eût été publié. Dans tous les cas, quand il ne nous appartient pas de publier un document, il me semble qu'il ne nous appartient pas davan- tage, au risque de produire chez une tierce partie une impression qui porte préjudice, d'en donner d'avance une interprétation discutable.

C'était trop fort. A la fin, ne pouvant, à la lumière des procédés généralement usités en af- faires, m'expliquer cette persistance avec laquelle on s'appliquait à amener le règlement de ces comptes, avant que n'eût été porté à la connaissance des évêques le texte d'un Indult déjà obtenu depuis plusieurs mois ; considérant que, sous le premier Indult du même genre donné au mois d'août 1884, le Séminaire de Québec avait cru devoir laisser à Montréal le revenu provenant des messes de la province de Montréal, tandis que, disait-il maintenant, en vertu du second Indult, Montréal ne devait plus en rien percevoir, ce qui me paraissait; dans la circonstance, une véritable anomalie ; connaissant, par l'étude de toute la question universitaire; combien grande et scrupuleuse est la délicatesse du Saint-Siège en ces matières de justice, ne s'agirait-il que de droits *de congruo* : pour tous ces motifs, hésitant, surpris, étonné, je doutai.

Et ce doute, avec les autres points obscurs, incompréhensibles et certainement inadmissibles que renfermaient ces comptes, je le soumis au Conseil d'affaires que m'avait adjoint l'Archevêque de Montréal.

XX

Le Conseil se réunit le 9 de septembre.

Pour aller plus vite en besogne, je demandai à ces messieurs s'ils voudraient bien permettre à M. l'abbé Marcoux d'assister à nos délibérations, ce à quoi ils accédèrent volontiers. L'examen fut long, sérieux; les nouveaux comptes ne parurent pas plus clairs que les premiers, ni plus complets. Nous demandâmes à M. Marcoux plusieurs explications, les réponses furent loin d'être satisfaisantes. Enfin, l'honorable M. Chauveau ayant soulevé cette question : " Toujours est-il que pour rencontrer les obligations et les charges de la Succursale, l'Archevêque de Montréal aura le revenu provenant des honoraires de messes de sa province ecclésiastique ? " je me vis dans la nécessité de faire connaître au Conseil l'avis de Mgr Paquet : " que l'Indult accordé par le Saint-Siège cette année est tout en faveur de Québec, et que Montréal ne percevra rien en vertu de cet Indult." Ces paroles

parurent sévères et raides. En les entendant,
les conseillers se levèrent comme un seul homme,
témoignant de leur étonnement. Et sur-le-
champ, sans vouloir aller plus loin, ils décidèrent unanimement que, dans les circonstances
(ils regrettaient de le constater), il était inutile
de délibérer davantage. La séance fut levée
sine die.

De suite, j'offris à M. Marcoux de lui donner par
écrit la réponse du Conseil. Il me dit que, ayant
assisté à notre assemblée du premier au dernier
mot, il n'en avait pas besoin. Cependant, quelques jours après, le 16 de septembre, afin qu'il
ne s'élevât pas plus tard de malentendu sur ce
point, je crus devoir lui envoyer une réponse
écrite, lui disant formellement "que, tant que
le Séminaire de Québec maintiendrait les mêmes
prétentions vis-à-vis de la Succursale et de l'Archidiocèse de Montréal, il nous paraissait impossible d'en arriver à un arrangement satisfaisant." (Voir document N° XXVIII.)

CHAPITRE QUATRIÈME

CONCLUSION DE CE MÉMOIRE

XXI

L'Indult du 5 mai 1889, comme je l'ai dit plus haut, fut communiqué officiellement à Monseigneur l'Archevêque de Montréal, le 13 de septembre; j'en connus la teneur vers le 20 du même mois. Il fut pour moi, dans mes inquiétudes d'alors, un vrai soulagement; il jetait sur la question monétaire toute une lumière nouvelle. Une fois de plus, j'admirai la sagesse de Rome. Les droits de Québec étaient ménagés, et les intérêts de Montréal sauvegardés : dans ces deux points, qu'on le sache bien, se trouvent la solution de toutes les difficultés, le germe de la paix solide et le principe du développement progressif d'une grande Université catholique au Canada.

Le plus tôt qu'il me fut possible, je me fis un devoir de descendre à Québec. Le 25 de septembre, je me présentais chez Mgr Paquet, avec le dessein bien arrêté, et avec l'espérance, fondée ce me semblait, d'en arriver enfin, grâce aux facilités que nous donnait l'Indult, à placer à l'amiable cette reddition de comptes sur des bases que les deux parties auraient pu accepter honorablement. Et si, après tout, nous ne pouvions nous entendre, j'offrais à Mgr Paquet de prendre pour àrbitres de nos divergences d'opinion Son Eminence le Cardinal Taschereau, le premier dignitaire de l'Eglise Canadienne ; Monseigneur l'Archevêque d'Ottawa, prélat tout à fait au courant de nos affaires, étranger toutefois aux provinces ecclésiastiques de Montréal et de Québec ; et Monseigneur l'Archevêque de St-Boniface, le vénérable doyen de l'épiscopat français au Canada.

Sans attendre la fin de mon exposé, comme si on eût été heureux de rompre en visière, Mgr Paquet me répondit : " Monsieur Proulx, il n'y a rien à faire avec vous. Vous nous demandez des comptes légaux, sachant qu'il nous est impossible d'en donner. Je vois que vous ne voulez pas payer. Fort bien. Nous en référerons à Rome, et Rome saura bien nous compenser.'' Il me vint à l'esprit, je le confesse, une mauvaise pensée, que je ne pus chasser tout d'abord : serait-ce là par hasard, où l'on voulait en venir, avoir un pretexte *de se plaindre à Rome.*

Je n'ai jamais demandé de comptes légaux ; seulement, je croyais que j'avais droit à des comptes compréhensibles, dans lesquels serait visible à l'œil nu l'observation des règles ordinaire du calcul logique et arithmétique.

En passant, je ferai remarquer que Mgr Paquet, par une prudence anticipée, n'a pas attendu mon prétendu refus d'accepter ses comptes pour demander à Rome des compensations. Dès avant le 5 mai, au moins trois mois avant ma nomination comme Vice-Recteur, sa pétition au Saint-Père n'allait-elle pas à demander et à obtenir tous les revenus des Messes provenant tant de la province de Montréal que de la province de Québec, pour le Séminaire de Québec seulement ?!!... ''petit prorogationem indulti retinendi quinque solidos in missis ad-

ventitiis pro provinciis Quebecensi et Marianopolitanâ, utilitate Universitatis Lavallensis
erectæ in civitate Quebecensi a Seminario diœcesano.'' (Document N° XXIX.)

Pour être complet, je dois ajouteur que, malgré cette détermination de Mgr Paquet de ne
plus traiter qu'avec Rome, M. Marcoux, dans les
premiers jours d'octobre, m'écrivit un petit mot,
me disant que, si je voulais accepter, pour la
Succursale, le terrain actuellement aux mains
du Séminaire de Québec, j'eusse à le faire avant
le 15 d'octobre ; sinon, à cette date, le Séminaire se croirait en droit de le mettre en vente.
Je ne voyais pas très clairement, surtout après
la déclaration de Mgr Paquet, l'à-propos de cette
offre, à la dernière heure, faite complètement à
part des autres articles du règlement de comptes ;
je me contentai de répondre directement à Mgr
Paquet que *j'étais dans le doute si je devais prendre tout cela au sérieux.* (Document N° XXX.)
Depuis il n'a plus été, entre nous, question des
comptes.

Avant de terminer, encore une fois je proteste

que j'ai toujours voulu payer ce que doit la
Succursale au Séminaire de Québec, et, comme
on peut le voir dans ce mémoire, j'ai même fait,
pour en arriver là, des démarches auxquelles je
n'étais certainement pas obligé.

Enfin Mgr Paquet m'a montré la route de
Rome ; m'y voici. Il s'y plaint de moi, dit-il ;
je me plains de ses chiffres. Il veut sans doute,
pour en arriver à quelque chose de pratique,
que Rome décide entre nous ; c'est ce que je
demande de toute l'ardeur de mes vœux : plein
de confiance dans cette hauteur de vue et cette
impartialité de jugement que le Ciel a données
à la Cour Romaine, dans cet instinct merveilleux
qui la dirige, même dans les questions purement
de l'ordre naturel, à travers le dédale des difficultés les mieux nouées, pour en arriver à une
solution modérée, juste et vraie.

XXII

Ainsi donc, pour ces motifs que je viens d'exposer brièvement, et que je suis prêt à développer davantage au besoin, et, en particulier, parce

que ces comptes du Séminaire de Québec contre la Succursale de l'Université Laval à Montréal :

1° Sont incomplets ;

2° Qu'ils sont loin d'être clairs, et même, en certains endroits, nullement compréhensibles ;

3° Qu'ils paraissent se contredire en maints items ;

4° Qu'ils renvoient plusieurs milliers de piastres, d'une manière extraordinaire, en dehors du balancement annuel des recettes et des dépenses ;

5° Qu'ils renferment des items que la Succursale prétend ne pas devoir ;

6° Que, à l'occasion des constructions, ils mettent à la charge de la Succursale, des sommes considérables, sans lui laisser le bénéfice de profits encore plus considérables faits à l'occasion des mêmes constructions ;

7° Et que les mêmes principes ne servent pas de bases aux comptes de la recette et aux comptes de la dépense ;

Pour toutes ces raisons, dis-je, et considérations, je demande, au Saint-Père et aux Eminentissimes Cardinaux de la Sacrée Congrégation de la Propagande, de décider que ces comptes du Séminaire de Québec contre la Succursale de l'Université Laval à Montréal soient rendus, les deux parties ayant toute liberté de faire valoir leurs points de vue, devant un tribunal qui jugera, d'une manière autorisée et définitive, et des principes qui serviront de bases à cette reddition de comptes, et des items qui doivent y entrer, et des explications qu'il convient de donner à ces différents items ; que ce tribunal soit :

1° Ou la Sacrée Congrégation de la Propagande elle-même ;

2° Ou les évêques du Canada français ;

3° Ou un conseil de trois arbitres, dont l'un serait nommé par le Séminaire de Québec, l'autre par l'Archevêque de Montréal, et le troisième par les deux premiers ;

4° Ou tout autre tribunal qu'il plaira au Saint-Siège d'instituer : ayant, pour ma part, la confiance la plus entière dans le moyen qu'il pren-

dra pour rendre justice à tous les intérêts et à tous les partis. (1)

XXIII

Sous forme de corollaire, j'ajouterai ce qui suit.

Il est indubitable, par le texte même de l'Indult du 5 mai 1889, que le Saint-Siège attribue les revenus provenant des messes de la province de Montréal au paiement de la dette de la Succursale " ... ita ut quæ ex hâc postremâ (provinciâ Marianopolitanâ) mittuntur pro celebratione extra provinciam, tribuantur Archiepiscopo Quebecensi in diminutionem debiti partis Marianopolitanæ Universitatis." (Voir document N° XVIII.) Pour cette bienveillante et gracieuse faveur, nous offrons au Saint-Père nos humbles, respectueux et profonds remercîments.

Si maintenant, à raison du changement des circonstances, le Saint-Siège veut bien attribuer

---

(1) Pour la réponse à ce mémoire, voir le document N° L. (Note de l'édition montréalaise.)

à Monseigneur l'Archevêque de Montréal l'administration de ces revenus provenant des messes de la province de Montréal, je promets, au nom de mon Archevêque et avec sa permission, qu'ils seront employés tout d'abord, exclusivement, jusqu'à extinction de la dette, à payer ce que la Succursale doit au Séminaire de Québec, aussitôt et de la manière que l'aura décidé le tribunal institué par le Saint-Siège lui-même.

MÉMOIRE

SUR

LES RESSOURCES A CRÉER

POUR

La Succursale de l'Université Laval

A MONTRÉAL

PAR

L'ABBÉ J. B. PROULX

VICE-RECTEUR DE L'UNIVERSITÉ LAVAL A MONTRÉAL

1890

ROME

Imprimerie A. Befani

SOMMAIRE DU MÉMOIRE

SUR

LES RESSOURCES A CRÉER

POUR LA SUCCURSALE

PREMIÈRE PARTIE

NOTIONS PRÉLIMINAIRES

I. —L'abbé J. B. Proulx, Vice-Recteur de l'Université Laval à Montréal, délégué à cette fin par Nosseigneurs les Archevêque et Evêques de la province de Montréal, expose au Saint-Siège le besoin que la Succursale de l'Université Laval à Montréal a de revenus venant de l'extérieur, et lui soumet respectueusement ce qu'il croit être le meilleur moyen de les lui procurer.

II —Le Vice-Recteur prend occasion de ce mémoire pour exposer ses vues sur la question universitaire en général, tâchant de le faire avec la plus grande modération possible.

DEUXIÈME PARTIE

BESOIN QUE LA SUCCURSALE A DE RESSOURCES VENANT DE L'EXTÉRIEUR

III. —Pour se convaincre que la Succursale ne peut subsister par ses propres ressources, il suffit de jeter un coup d'œil sur ses revenus et sur ses obligations.

IV. —Les comptes du Séminaire de Québec prouvent que, dans le passé, la Succursale n'a pu se suffire à elle-même.

V. —Le surcroît de dépenses qu'entraînent les circonstances, dans lesquelles la Succursale prend l'administration de ses affaires financières, accélère encore le moment de sa chute.

VI. —La chute de la Succursale entraîne la chute des décrets romains.

VII. —Sur les ruines de la Succursale et des décrets romains, s'élève une Université laïque.

TROISIÈME PARTIE

MOYEN A PRENDRE POUR CRÉER DES RESSOURCES A LA SUCCURSALE

VIII.—Le moyen le plus facile et le plus naturel de créer des ressources à la Succursale, serait d'attribuer, à l'Archevêque de Montréal, l'administration des revenus provenant des messes de la province ecclésiastique de Montréal.

IX. —Déjà ces ressources sont affectées, par l'Indult du 5 mai 1889, au paiement des dettes de la Succursale.

X. —Par conséquent, il ne s'agit aucunement de modifier, dans son but, ses moyens ou son esprit, l'Indult du 5 mai 1889, mais

seulement, vu le changement des circonstances, d'en faire une application nouvelle.

XI. —Ce mode de venir en aide à la Succursale, entre autres avantages, contribuerait
beaucoup à lui rallier les sympathies du
district de Montréal, et à lui préparer, par
là, d'autres ressources pour l'avenir.

XII. —Dans un cas analogue à celui-ci, à l'occasion de la distribution des biens des
Jésuites, le Gouvernement de Québec a
fait une semblable application; et le
Séminaire de Québec paraît l'avoir trou-
vée toute naturelle.

XIII.—La part d'argent qu'il a reçue sur les
biens des Jésuites, n'empêche pas que le
Siège universitaire de Montréal ait un
besoin absolu, pour pouvoir subsister, d'un
revenu supplémentaire, pour le moins égal
à celui provenant des messes de la province de Montréal.

XIV. — Le Siège universitaire de Québec,
d'après le rapport de Mgr Paquet au Con

seil Supérieur, n'a pas un besoin absolu de ces revenus de Montréal pour rencontrer ses dépenses annuelles.

XV. —Montréal ne peut admettre la prétention, que paraissent avoir quelques hommes au Séminaire de Québec, de lui faire payer une part des dépenses faites pour l'Université à Québec.

XVI. —Le Séminaire de Québec occupe, dans l'Université, une belle position qui peut devenir, chaque jour, de plus en plus enviable.

QUATRIÈME PARTIE

CONCLUSIONS DE CE MÉMOIRE

XVII.—Pour sauver l'existence de la Succursale, assurer l'exécution des décrets romains, et prévenir l'érection, à Montréal, d'une Université laïque ; vu que la chose peut se faire sans rien changer d'essentiel à l'Indult du 5 mai 1889, qu'elle rallierait à la Succursale les sympathies d'un grand nombre, et que le Siège universitaire de Québec n'en serait aucunement enrayé dans son fonctionnement ; le Vice-Recteur demande que, comme moyen de créer des ressources à la Succursale de l'Université à Montréal, le Saint-Siège veuille bien attribuer à l'Archevêque de Montréal l'administration des revenus provenant des messes de Montréal, avec l'entente que ces revenus seront employés, d'abord, à payer ce que la Succursale doit réellement au Séminaire de Québec.

XVIII.—Cependant, quel que soit le moyen que le Saint-Siège juge à propos de prendre pour créer des ressources à la Succursale, le Vice-Recteur, plein de confiance dans la sagesse de ces dispositions, ne craint pas de s'en déclarer, d'avance, satisfait.

A SON ÉMINENCE

LE CARDINAL SIMEONI

PREFET DE LA SACREE CONGREGATION DE LA PROPAGANDE

———

Rome, 15 mai 1890.

PREMIÈRE PARTIE

CONSIDÉRATIONS   PRÉLIMINAIRES

I

Eminentissime Seigneur,

Ayant reçu de Monseigneur l'Archevêque de
Montréal et de Nosseigneurs les Evêques de
St-Hyacinthe et de Sherbrooke, suffragants de
l'Archevêque de Montréal, la " mission d'expo-
ser, entre autres choses, à Notre Saint Père le
Pape et aux Eminentissimes Cardinaux :......

les moyens à prendre pour créer des ressources pécuniaires, sans lesquelles il est impossible à la Succursale de se maintenir" (voir document N° I), je viens, dans ce troisième mémoire que j'ai l'honneur de présenter à Votre Eminence :

1° Faire connaître au Saint-Siège le besoin absolu de revenus extérieurs et extrinsèques qu'a, pour pouvoir subsister, la Succursale de l'Université Laval à Montréal ;

2° Soumettre respectueusement, à sa considération, ce que je crois être le moyen le plus facile et le plus naturel de lui procurer ces revenus.

II

Je prendrai occasion de ce mémoire, au fur et à mesure que l'opportunité s'en présentera, pour exposer franchement et complètement, une bonne fois pour toutes, mes vues personnelles sur la question universitaire en général, et aussi, je crois, celles de toutes les amis désintéressés de la haute éducation catholique au Canada.

Pour moi, cette question, la plus importante de toutes celles qui occupent actuellement, chez nous, l'attention des hommes soucieux de l'avenir, est de beaucoup supérieure à ces visées, trop souvent étroites, qui ont inspiré, passionné et divisé les esprits jusqu'ici. Pour la juger sainement, il faut d'abord commencer par apprécier chaque prétention à sa juste valeur, puis placer les grands intérêts de la religion, de l'éducation et du pays au-dessus des intérêts particuliers ; ce qui n'empêche pas toutefois que, dans ce vaste ensemble bien coordonné, les intérêts particuliers ne puissent fort bien être sauvegardés suivant la mesure de leurs droits.

L'Université, dans l'interprétation de ses constitutions et le fonctionnement de ses règlements, devrait se placer sur des bases si larges qu'elle pût embrasser dans son enseignement la totalité des élèves catholiques, respecter et favoriser, en se les incorporant, les institutions déjà existantes, développer l'élan, l'énergie et les forces de toutes les aspirations légitimes, ne blesser en rien les susceptibilités naturelles à chaque section du pays, voir ses deux sièges actuels fleurir et s'épanouir l'un à côté de l'autre, sans froissement, sans empiètement, chacun dans la liberté de sa sphère d'action propre, faisant tous deux la gloire d'une même Université, sous la haute direction d'un même Conseil Universitaire, et surtout sous la protection efficace des évêques, à qui a été confié le soin de régir l'Eglise de Dieu, et d'enseigner toutes les nations.

Dans l'exposé de mes idées, inévitablement, il m'arrivera de contredire de dignes et éminents personnages. Je le ferai librement et respectueusement. Je respecte les personnes, je ne discute pas les intentions, je ne voudrais employer que les expressions les plus adoucies et les plus modérées ; mais enfin, dans des divergences de vues quelquefois si radicales, je ne puis faire que mon opinion ne heurte la leur, carrément.

Cependant, qu'on veuille bien le croire, je parle sans passion : je n'ai d'autre mobile d'action, dans toutes ces démarches, que ce que je

crois être la vérité ; j'ai en vue également le
bien de Québec et le bien de Montréal, persuadé
que l'Université ne peut remplir sa fin, si l'un
ou l'autre siège ne jouit pas de toute la prospérité dont il est susceptible.

DEUXIÈME PARTIE

BESOIN QUE LA SUCCURSALE A DE RESSOURCES VENANT DE L'EXTÉRIEUR

III

La Succursale, pour le moment du moins, ne
peut subsister par ses propres ressources. Pour
s'en convaincre, il suffit de jeter un coup d'œil
sur ses revenus et sur ses obligations.

En fait de revenus absolument certains, la
Succursale ne compte que sur l'argent payé par
les élèves pour suivre les cours. Or, la plupart
de ces jeunes gens ne sont pas fortunés ; ils arrivent, à la fin de leurs études classiques, épui-

sés de ressources monétaires. Alors, il nous faut raisonnablement faire de nombreuses remises, ou bien nous contenter de billets promissoires qui, souvent, ne valent pas plus que le papier qui les porte. Ces paiements des élèves, pendant les cinq années dernières, n'ont rapporté, en argent sonnant, que 15,989 piastres. (Voir document N° XXII.)

Le gouvernement de Québec, il est vrai, donne annuellement deux mille piastres pour la Faculté de droit ; nous espérons bien qu'il nous continuera cet octroi ; cependant, personne ne l'ignore, ce revenu est loin d'être assuré, puisqu'il dépend, chaque année, du vote et de la bonne volonté des membres de la Législature.

Dans tous les cas, je le veux bien, ajoutons cet octroi à l'argent reçu des élèves, et nous aurons pour les cinq années précédentes, un revenu total de $25,989.00, c'est-à-dire, par année, seulement $5,197.80. (Voir document N° XXII.) On avouera que c'est bien peu,

surtout quand on considère les obligations auxquelles est soumise la Succursale.   Les voici.

Il lui faut payer :

1° Les professeurs de droit et de médecine ; pendant les années qui se sont écoulées
de 1884 à 1889, quoique les émoluments des
professeurs fussent très modérés, ce seul item
s'est élevé à \$26,256.39, c'est-à-dire à \$265.30
de plus que les recettes totales, provenant et de
l'argent des élèves et de l'octroi du gouvernement.   (Voir document N° XXII) ;

2° Les honoraires et la pension du Vice-
Recteur, et de son secrétaire ;

3° Le salaire des appariteurs et autres serviteurs ;

4° Les frais de dissection ;

5° Les préparations chimiques et autres
fournitures que requiert, presque chaque jour,
l'enseignement de la médecine ;

6° Les dépenses de maison : chauffage, gaz
et eau, taxes.

7° Parlerai-je des dépenses   imprévues,

telles que les nécessite immanquablement le fonctionnement d'une institution de ce genre.

8° La Succursale ne possède qu'un embryon de bibliothèque ; elle n'a aucun musée, aucun laboratoire médical. Il est impossible de continuer l'enseignement universitaire dans cette pénurie de toutes choses, à côté d'universités protestantes, fournies de toutes les améliorations et de tous les perfectionnements de l'art moderne.

9° Il ne faut pas oublier que la Succursale n'a, à elle appartenant, aucune bâtisse pour se loger, aucun toit pour s'abriter. Des constructions, qui seraient quelque peu à l'unisson des exigences locales, coûteraient plusieurs centaines de mille francs. M. l'abbé Marcoux, ex-Vice-Recteur, membre du Séminaire de Québec, en faisait l'estimation à trois cent mille piastres.

10° Actuellement, la Succursale occupe, d'une manière tout à fait précaire, sans assurances aucunes, absolument sous le bon vouloir du propriétaire, des bâtisses appartenant au gouvernement de Québec. On a voulu, en certains quartiers, faire croire que l'Université avait, à Montréal, un pied-à-terre convenable et assuré, et que, sans inquiétude de ce côté-là, elle pouvait attendre, tranquille, le cours des événements. Or, voici la vérité *vraie :* à six mois d'avis, sans qu'elle ait droit à aucune explication, la Succursale peut être appelée à évacuer les bâtisses du gouvernement, à perdre le fruit de plusieurs milliers de piastres qu'elle a dépensées pour y faire des réparations, et à se chercher un local quelque part, avec la perspective de n'en trouver qu'en payant de gros loyers. Sous ce rapport, la situation n'est rien moins que satisfaisante. (Voir document N° XXII.)

11° A ces causes d'embarras, ajoutez que la Succursale, vu le malheur des circonstances, a reçu de l'administration précédente, un héritage d'antipathies, de défiances et de divisions qu'elle traîne à son cou comme une meule de moulin, et qui empêche, jusqu'à ce que l'horizon se soit éclairci des préjugés dont il est chargé, l'essor de son développement naturel.

12° Enfin, lorsque la Succursale ne possède

rien, lorsqu'elle ne peut faire face à ses dépenses annuelles, lorsqu'il serait imprudent d'en continuer le fonctionnement en de telles conditions, même en supposant qu'elle fût libre de toute obligation antérieure, le Séminaire de Québec vient lui réclamer une dette de cent mille francs. (Voir document N° XXII.)

Ainsi donc, pour prouver mon avancé que, sans secours monétaires venant de l'extérieur, la Succursale n'est pas viable, en outre des preuves intrinsèques que je viens de donner, je n'aurais besoin que d'invoquer le témoignage du Séminaire de Québec.

IV

Le 4 septembre 1889, après avoir réduit ses réclamations de $6,619.03, le Séminaire de Québec demandait à la Succursale, pour dépenses faites en sus des recettes qu'elle lui avait rapportées, un remboursement de $ 19,673.10.(Voir documents N° XV, XVI, XXII et XXIII.)

Dans cette somme de $ 19,673.10, le Séminaire

de Québec ne faisait pas entrer en ligne de compte "les honoraires du Vice-Recteur, de 1877 à 1884, 7 ans, $ 840.00 ; ni les frais d'annuaires pendant sept années, $ 700.00 ; ni l'intérêt des déboursés faits par le Séminaire, $ 3,164.74; " c'est-à-dire un total de $ 4,704.74.

De plus, ces chiffres ne représentaient pas encore le déficit réel de la Succursale, si elle était abandonnée à ses propres forces, puisque, pendant cinq ans, le Séminaire a fait entrer dans le chapitre des recettes les revenus indirects, provenant, tout à fait en dehors de ses ressources naturelles, des messes de Montréal, $ 24,000.00, des messes de St-Hyacinthe, $ 5,458.00, et des messes de Sherbrooke, $ 780.00 : un total de $ 31,138.00.

Ainsi, pendant les douze années qu'il a administré à Montréal, le Séminaire de Québec a constaté que les dépenses de la Succursale dépassent ses revenus de $55, 515.84, ce déficit ayant été comblé comme suit :

Revenus provenant des messes. $ 31,138.00

Avances d'argent faites par le Séminaire
de Québec. $ 19,673.10

Dons du Séminaire de Québec. $ 4,704.74

Total $ 55,515.84

Si maintenant nous étudions le tableau des dépenses et des recettes pour les cinq dernières années seulement (voir N° XXII) nous voyons que les recettes totales, moins le revenu des messes ($ 31,138.00), sont de $ 52,825.53.

Les dépenses totales, en y comprenant les sommes escomptées à Montréal ($ 7,300.00), et la somme due à Perrault et Mesnard ($3,000.00), sont de $ 91,118.98.

Par conséquent, pour ces cinq années, le déficit se chiffre par une somme de $ 38,293.45, ce qui fait par année, une moyenne de $ 7,658.69, plus de trente-huit mille francs.

Sur la pente d'un gouffre, qui se creuse chaque année en de telles proportions, où allons-nous ?

" Mais, dira quelqu'un, ces chiffres sont surchargés."—Peut-être ; indubitablement, d'après moi, en certains items ; mais il me répugne de croire qu'ils le soient tous.

" Plusieurs prétendent que la Succursale ne doit rien au Séminaire de Québec."—Très vrai ! Mais ce n'est pas précisément parce que la Succursale rencontre par elle-même ses dépenses, mais bien parce que le Saint-Siège et les circonstances lui ont fait, dans le passé, des revenus qui ont balancé ces dépenses. Qu'on nous laisse pour l'avenir, les mêmes revenus, et la Succursale se déclarera satisfaite. C'est ce que je viens dire à Rome.

Certes, celui qui voudrait plaider la cause en avocat, et tirer des prémisses les conséquences extrêmes, pourrait se servir, d'une manière cruelle et sanglante, de ces déficits si considérables que le Séminaire de Québec présente contre la Succursale, et demander : " Comment se fait-il que, quand on dit le siège universitaire de Montréal si pauvre et si endetté, on ait le courage, au sein même de l'Université, de vouloir lui couper les vivres, multipliant par là ses embarras, et mettant son existence en péril. Vou-

drait-on, par hasard, en amener l'effondrement ?''

Pour moi, je ne veux pas juger des intentions ; il me suffit de constater que, d'après le
Séminaire de Qnébec, si la Succursale est abandonnée à ses propres ressources, effectivement,
il y aura effondrement.

V

" Eh bien ! me dira-t-on, selon vous quel
serait le déficit annuel de la Succursale ? "

Il m'est difficile de répondre à cette question
exactement et précisément, comme mon administration aux affaires de la Succursale n'em-
brasse pas encore une année tout entière, et
comme on m'a refusé les documents nécessaires
pour étudier, d'une manière satisfaisante, les
dépenses de l'administration précédente. Cependant, dans la sincérité de mes connaissances
actuelles, suivant les calculs et les observations
que j'ai pu faire, je crois ne pas me tromper
beaucoup en avançant que, pour les cinq années

qui viennent de s'écouler, si on met de côté le revenu des messes, ce déficit annuel aurait pu s'élever à environ $5,000.00. Personne, à Québec, ne peut taxer mon calcul d'exagération, puisqu'il arrive de plusieurs milliers de piastres en dessous de celui que fait le Séminaire. Dans tous les cas, si on doute de son exactitude, qu'on accepte l'idée du tribunal. d'arbitrage que j'ai demandé au Saint-Siège, dans mon *Mémoire sur les Comptes du Séminaire de Québec.*

Cinq mille piastres de déficit annuel ! C'est beaucoup moins que ne le prétend le Séminaire de Québec ; mais, pour faire des affaires prudentes, c'est beaucoup trop.

De plus, et qu'on veuille bien le remarquer, le retrait du Séminaire de Québec de l'administration de la Succursale, nous a occasionné un surcroît de dépenses considérables.

Jusqu'ici, les professeurs, pour favoriser l'organisation de la Succursale à Montréal, ont bien voulu vivre de sacrifices, dans l'espoir que leur situation finirait par s'améliorer. Le Séminaire de Québec, riche en propriétés et en crédit, pouvait payer, pour une certaine partie du salaire, en espérances ; mais la Succursale, pauvre, doit payer le tout, elle, en argent.

On vivait de sacrifices depuis assez long-temps. Raisonnablement, on ne peut demander à des hommes de ce mérite de sacrifier, indé-finiment, leur temps et leurs études, sans une rémunération convenable. Pour être juste vis-à-vis de vieux et fidèles serviteurs, pour inspirer une confiance qui est la première condition du succès, la nouvelle administration a dû donner, autant que possible, à ses professeurs les mêmes émoluments que l'Université donne à Québec cette année. De là, augmentation dans l'item des honoraires. La moyenne, pour les cinq dernières années, s'en élevait à $5,051.09 ; cette année, ils dépasseront $8,000.00, ce qui fait un excédent de plus de 3,000 piastres.

En sus, si pour obtenir la paix dans le district de Montréal et assurer, auprès de tous, l'accep-tation de l'enseignement universitaire, avec ses garanties religieuses, nous réussissons, comme je l'espère, à opérer une union définitive entre

la Faculté de Médecine de l'Université Laval à
Montréal et l'Ecole de Médecine et de Chirurgie de Montréal, il en résultera, vu certaines
clauses indispensables du contrat, et vu le grand
nombre de professeurs qu'amènera cette union,
un accroissement de dépenses, du moins momen-
tané, que je ne puis préciser au juste, mais qui
ne sera pas, certainement, minime.

Cependant, en dehors même de cette dernière hypothèse, la Succursale se trouve en face
d'une dette de $19,673.10, laquelle ira, vu le
surcroît de dépenses occasionnelles dont j'ai
parlé, grossissant chaque année d'un déficit, au
moins, de 6,000 à 7,000 piastres. C'est là, vraiment, rouler, à vitesse accélérée, dans un abîme
au fond duquel se dresse la banqueroute. Dans
ces conditions, le mieux que puisse faire une
institution, est de fermer ses portes au plus tôt.

VI

La chute de la Succursale entraîne, ce qui est
à mes yeux un bien plus grand malheur, la

chute des décrets romains, et en particulier de
la Constitution *Jam dudum*, qui est venue, en
son temps, les expliquer, les éclairer et les
couronner tous.

Je le répète, ce serait un malheur, une vraie
calamité : la politique romaine, si calme et si
suivie, aurait subi un échec ; par ce fiasco, on
aurait réussi à faire avorter les desseins du
Saint-Siège, et on accoutume ainsi notre population si chrétienne, si respectueuse, à tenir peu
compte des ordres et des désirs de Rome, comme
de choses que l'on peut mettre de côté impuné-
ment ; on affaiblit la confiance naïve, et l'on
déflore la filiale ingénuité de la foi.

La Constitution *Jam dudum* est un acte de
haute sagesse, qui assure et consacre l'unité universitaire sous la seule forme possible dans notre
pays démocratique, où la décentralisation dans
l'exercice des pouvoirs est passée et établie, d'une
manière irrévocable et irrésistible, dans l'esprit
public et les mœurs populaires. L'idée de dé-
pendre minutieusement, pour le détail des affaires locales, d'une autorité centralisatrice, où l'on

croirait ne pas avoir une influence proportionnée à l'importance des intérêts qu'on représente,
suffirait, même avant tout acte de juridiction
quelconque, pour blesser la confiance, paralyser
l'initiative et entraver le développement des
desseins les plus généreux. Or, la Constitution
Jam dudum, tout en respectant les droits
acquis, garantit l'exercice de toutes les libertés
légitimes. Elle porte dans son sein la solution
de toutes nos difficultés et le germe de notre
paix ; il suffit de la bien comprendre et de l'appliquer franchement. A tout prix, il faut en assurer
le fonctionnement aisé, régulier, large et loyal.

Aussi, avec quelle joie et quelle reconnaissance ne fut-elle pas reçue dans l'archidiocèse
de Montréal, par tous les esprits modérés. Monseigneur l'Archevêque de Montréal pouvait
écrire à Son Eminence le Cardinal Simeoni, le 4
septembre 1889 : " La Constitution *Jam dudum*
accordée à notre Université par la bienveillance
de Notre Saint-Père le Pape a été publiée, et
accueillie par le clergé et les fidèles de cette
province de Montréal avec les sentiments de la

plus vive reconnaissance pour le Saint-Siège."
(Voir document N° XXXII.)

Cependant, tous ne l'ont pas vue paraître avec
autant de plaisir, non seulement parmi les
adversaires déclarés de toute Uuiversité Catholique, ou parmi les adversaires secrets d'une
Université Catholique à Montréal sous le nom
de Laval, mais encore, il ne faut pas se le cacher,
parmi ceux qui sont censés tenir de plus près à
l'Université Laval elle-même. Heureusement le
nombre, je le crois, n'en est pas grand. Ce sentiment pénible que la Constitution a produit dans
ces trois camps divers, camps extrêmes, complètement opposés jusqu'ici, est la meilleure preuve
de sa sagesse, de son à-propos et de son utilité.
Elle est venue donner des espérancss et des
forces aux esprits modérés et pratiques; et,
parmi les catholiques du Canada, c'est la grande
masse. *In medio stat virtus.*

Donc, certains amis très dévoués du Séminaire de Québec, chagrins de n'avoir pas été, à
propos de la Constitution *Jam dudum*, consultés
par la Cour de Rome, prétendant qu'elle modifie

en grande partie les conditions posées lors de la
concession de la Succursale, se demandent si ces
changements sont pour le plus grand bien de
l'Université prise dans son ensemble, et à l'avantage des fortes études. (Voir document N°
XXXIII.)

Je les excuse volontiers : la peine est souvent
un voile, qui empêche de voir les choses sous
leur aspect véritable. Certainement, dans le cas
présent, ils ne voient pas que, la position étant
devenue insoutenable à Montréal, la Constitution *Jam dudum* est arrivée à son heure, pour
sauver les intérêts tant de la religion que du
Séminaire de Québec lui-même, lui permettant
de sortir, avec honneur, d'embarras autrement
sans issue ; ils ne voient pas que, si cette constitution ne réussit pas à fonctionner, on n'en
viendra point au premier état de choses, lequel
du reste était loin d'être florissant, mais qu'on
laisse le champ libre à leurs anciens et irréconciliables ennemis, et qu'on ouvre la porte à
des dissensions et à des disputes qui boulever-
seront encore une fois le Canada tout entier,

9

et dont le Séminaire de Québec sera la première victime et le plus grand souffre-douleur.

VII

En effet, la chute simultanée de la Succursale et de la Constitution *Jam dudum* relèverait les espérances de ceux qui veulent, pour Montréal, une Université Catholique indépendante ; de suite, les esprits s'échaufferont, les pétitions pleuveront sur Rome, et la lutte recommencera plus vive encore que par le passé, plus passionnée, plus radicale.

" Très bien, me répondra-t-on, mais jamais, dans ces conditions de rivalité et d'hostilité, le Saint-Siège ne permettra, à Montréal, l'établissement d'une Université Catholique." Je le crois. Mais alors, qu'arriverait-il ? Sur les ruines de la Succursale et des décrets romains, s'élèvera une Université laïque.

Si la Succursale suspend ses cours, immédiatement des écoles laïques de droit et de médecine se croiront justifiables de demander à la législature le pouvoir d'accorder des degrés universitaires, et il ne fait doute pour personne qu'elles l'obtiendront.

Une Université laïque pourrait, tout d'abord, n'être pas mauvaise, à raison de l'honnêteté et des principes de ceux qui l'organiseraient ; mais il n'est pas moins vrai qu'elle constituerait un danger sérieux pour l'avenir. Il existe au Canada un groupe d'hommes, qui ne veulent pas de l'influence du prêtre en matière d'éducation.

Cette école doctrinaire peut grandir, les circonstances aidant. Il s'élèverait, immanquablement, des rivalités entre l'Université laïque de Montréal et l'Université Catholique de Québec ; ces hommes profiteraient de tous les froissements, de tous les malentendus, pour pêcher en eau trouble et augmenter le nombre de leurs adhérents. L'Eglise perdra pour toujours l'occasion de diriger, d'une manière autorisée, reconnue et légale, les études universitaires à Montréal. Si la Charte civile d'une Ecole de Médecine a pu tenir en échec pendant si longtemps les forces réunies de Laval, que ne pourra la

Charte d'une Université ? Et pour n'avoir pas su se plier aux circonstances, pour sauver des intérêts secondaires que personne du reste ne veut méconnaître, on aura compromis les grands intérêts de la religion, restreint les bienfaits de l'éducation universitaire donnée au nom de l'Eglise, et créé un foyer d'indifférence et, peut-être, d'hostilité religieuse.

Prévenons un tel malheur. Sauvons la Succursale, sauvons les décrets apostoliques; et, par là, nous aurons sauvé l'honneur de la religion, ainsi que l'avenir de la haute éducation catholique dans le district de Montréal, et même dans toutes les parties du pays.

Par quel moyen ? C'est ce que nous allons étudier dans la troisième partie de ce Mémoire.

TROISIÈME PARTIE

MOYEN A PRENDRE POUR CRÉER DES RESSOURCES A LA SUCCURSALE

VIII

Il se présente à l'esprit, après une étude quelque peu approfondie de la question, plusieurs moyens de venir en aide à la Succursale. Laissant, pour le moment, de côté tous les autres, je me contenterai de suggérer ici celui qui me paraît, à première vue, le plus facile d'exécution, et le plus naturel, d'autant plus volontiers que j'ai été chargé par mon premier supérieur, à Montréal, de le faire valoir avant tout.

Je comprends qu'il n'appartient à personne, à moi moins qu'à tout autre, d'indiquer au Saint-Siège, d'un ton absolu, ce qu'il lui convient de faire, surtout dans une occurrence où il s'agit principalement de faveurs tout à fait gratuites et gracieuses, sur un sujet qui ne peut être, après tout, tant pour Québec que pour Montréal, qu'une matière de justice *de congruo*. Aussi je viens tout simplement, non imposer une matière de voir, mais l'exposer.

Or ce moyen, que je prends la liberté d'exposer, avec le plus grand respect, le voici : attribuer à l'Archevêque de Montréal, pour les fins de la Succursale, l'administration des revenus provenant des messes de la province ecclésiastique de Montréal.

En cela, je me fais l'écho de la pensée, du désir et de la demande de Sa Grandeur Monseisigneur Edouard Charles Fabre, Archevêque de Montréal, qui écrivait à Son Eminence le Cardinal Simeoni, en date du 4 septembre 1889 : "…On m'apprend que l'Indult pontifical permettant de retenir pour les fins universitaires cinq centins sur chacun des honoraires de messe envoyés à l'étranger, a été renouvelé dernièrement pour le même objet. S'il en est ainsi, je demande respectueusement que tout l'argent provenant de cette source dans les limites de la province ecclésiastique de Montréal, soit appliqué à la Succursale montréalaise et employé à son fonctionnement." (Voir document N° XXXII.)

IX

" Mais, dira-t-on, l'Indult du 5 mai 1889, accorde déjà ce que demande l'Archevêque de Montréal. Pour s'en convaincre, il suffit d'en lire la partie qui regarde les messes de la province de Montréal. "... ita ut quæ ex hâc postremâ (provinciâ Marianopolitanâ) mittuntur extra provinciam pro celebratione, tribuantur Archiepiscopo Quebecensi in diminutionem debiti partis Marianopolitanæ Universitatis." (Voir document N° XXVII.)

" Il est évident que, par cet Indult, pour nous servir des expressions mêmes de Monseigneur l'Archevêque de Montréal, tout l'argent provenant de cette source de revenus dans les limites de la province ecclésiastique de Montréal est appliqué à la Succursale montréalaise ; le Saint-Siège le donne pour en payer la dette, *in diminutionem debiti partis ;* et la Succursale ne peut être désignée plus explicitement, étant nommée Université Montréalaise, *Marianopolitanæ Universitatis.*"

Parfait, très bien jusqu'ici, c'est aussi mon opinion.

" Alors pourquoi l'Archevêque de Montréal a-t-il fait une pareille demande ? "

S'il l'a faite sous cette forme, c'est que, ignorant le texte de l'Indult qui n'avait pas encore été publié, et induit en erreur par la phraséologie pour le moins vague d'une réponse officielle du Recteur de l'Université Laval au Vice-Recteur de l'Université à Montréal, Monseigneur l'Archevêque de Montréal avait compris, comme tous ceux du reste à qui il fut besoin de montrer, dans le temps, la lettre de Mgr Paquet, que tous les revenus provenant des messes de la province ecclésiastique de Montréal étaient donnés à Québec, purement et simplement, sans qu'il fût question aucunement de Montréal.

Et qui aurait pu comprendre autrement ? Mgr Paquet commence par remettre à l'Archevêque de Montréal l'administration financière de la

Succursale en termes bien explicites : "Par le fait de la nomination du nouveau Vice-Recteur, le Séminaire de Québec a abandonné l'administration financière de la Succursale, le jour même de cette nomination. Par conséquent, vous pouvez prendre possession de la maison et de tout ce qu'elle renferme, et administrer le tout au nom de la Succursale ou de Monseigneur l'Archevêque de Montréal." (Voir document N° XI.)

Deuxièmement, Mgr Paquet avertit le Vice-Recteur que la Succursale, c'est-à-dire l'Archevêque de Montréal, est chargée d'une dette vis-à-vis du Séminaire de Québec : "Il est bien entendu toutefois que la Succursale se trouve chargée des dettes contractées pour elle l'année dernière, et de ce que le Séminaire a dépensé pour la faire fonctionner pendant les années qu'il en a été l'administrateur financier."

Troisièmement, Mgr Paquet tient à faire comprendre au Vice-Recteur que Montréal, c'est-à-dire l'Archevêque de Montréal, qui reste chargée d'une dette, n'a rien à percevoir en vertu du nouvel Indult. "J'aime à vous répéter ici ce que je vous ai dit hier au sujet des messes, à savoir que l'Indult accordé par le Saint-Siège cette année est tout en faveur de Québec, et que Montréal ne percevra rien en vertu de cet Indult."

Quatrièmement, Mgr Paquet, par son délégué M. l'abbé Marcoux, presse la reconnaissance immédiate, et aussi le paiement immédiat, du moins pour une partie, de la dette que le Séminaire de Québec prétend avoir contre la Succursale, sans laisser soupçonner, en aucune façon, qu'il entend employer les revenus provenant des messes de la province de Montréal *in diminutionem debiti partis Marianopolitanæ Universitatis.* Etait-ce bien là remplir les intentions du Saint-Siège ?... Dans tous les cas, bien perspicace aurait été celui qui, à travers les obscurités de ces affirmations, de ces avis et de ces démarches, aurait découvert que l'Indult attribuait les revenus provenant des messes de la province de Montréal au paiement de la dette de la Succursale. Tous, à Montréal, nous manquâmes de cette perspicacité ; les plus malins ne surent aller plus loin que la surprise, l'étonnement et le doute.

Le 13 septembre 1889, l'Indult fut porté à la connaissance des évêques, jetant sur la question monétaire une lumière toute nouvelle. Les amis de la Succursale en éprouvèrent un grand soulagement ; les intentions du Saint-Siège devenaient claires ; et, une fois de plus, on put admirer la prudence et la claivoyance de l'administration romaine.

Mgr Paquet avait rédigé sa pétition en ces termes: " Benjaminus Paquet. ... petit prorogationem Indulti retinendi quinque solidos in Missis adventitiis pro Provinciis Quebecensi et Marianopolitanâ, utilitate Universitatis Lavallensis erectæ in civitate Quebecensi a Seminario diœcesano." (Voir document N° XXIX.)

Il est incontestable que Mgr Paquet, pour parler sans ambiguïté, demandait tous les revenus, tant de la province de Montréal que de la province de Québec, pour "le Séminaire diocésain qui a érigé l'Université Laval dans la ville de Québec," puisque, encore aujourd'hui, tout plein de son idée, il comprend "que l'Indult accordé par le Saint-Siège, cette année, est tout en faveur de Québec, et que Montréal ne percevra rien en vertu de cet Indult;" et cela, après la réponse si claire de l'Indult lui-même.

Or quelle est cette réponse ? celle de la prudence, de la sagesse et de la justice : les revenus provenant des messes de la province de Québec, à Québec; et les revenus de Montréal, à Montréal, pour payer la dette de l'Université Montréalaise, vu qu'on affirmait, avec une vraisemblance indéniable, que la Succursale était chargée d'une dette très considérable.

Ainsi, je ne viens pas demander tout ce que demandait Monseigneur l'Archevêque de Montréal dans sa lettre du 4 septembre 1889, puisque déjà les revenus provenant des messes de la province de Montréal lui sont accordés par le Saint-Siège, mais seulement, ce qui est compris implicitement, virtuellement et réellement dans sa demande, qu'on lui transporte l'administration de ces susdits revenus.

Pour cela, il suffirait de substituer, dans l'Indult du 5 mai 1889, un seul mot à un autre petit mot, *Marianopolitano*, à *Quebecensi*, et de lire : *tribuantur archiepiscopo Marianopolitano*, au lieu de *tribuantur archiepiscopo Quebecensi.*

Et je prétends que cette substitution ne change rien d'essentiel à l'Indult, au but qu'il se propose, aux moyens qu'il emploie pour y arriver ; tout au contraire, il me semble qu'elle ne ferait que faciliter l'exécution, dans son esprit, du document pontifical : tant il est vrai de dire que souvent *la lettre tue et l'esprit vivifie.*

X

Quelle était la situation au 5 mai 1889 ?

1° Le Séminaire de Québec avait l'administration financière de la Succursale ;

2° Rien ne faisait prévoir qu'il remettrait cette administration à l'Archevêque de Montréal ;

3° Il prétendait que la Succursale restait lui devoir une somme considérable ;

4° Quand bien même on aurait prévu que la Succursale devait prendre l'administration de ses affaires financières, on ignorait si les nouveaux administrateurs auraient la volonté ou le pouvoir de payer la dette.

Que fit le Saint-Siège dans ces circonstances ? ce que dictait la sagesse. Il consacra les revenus provenant de la province ecclésiastique de Montréal au paiement de la dette de la Succursale Montréalaise, et pour prévenir sans doute toute cause de récrimination dans la suite, tant d'un côté que de l'autre, il attribua ces revenus, non pas au Séminaire de Québec, non pas à l'Archevêque de Montréal, tous deux intéressés dans l'affaire, mais à l'Archevêque de Québec, pour qu'il en tînt bon compte, les remettant au Séminaire de Québec, *in diminutionem debiti partis Marianopolitanæ Universitatis.*

Depuis, *quantum mutatus ab illo !* Les circonstances ont bien changé :

1° Le Séminaire a remis l'administration financière de la Succursale à l'Archevêque de Montréal (voir document N° XI);

2° Il l'a remise lui-même, sans que personne ne lui en fît l'invitation ;

3° Il réclame de la Succursale une dette considérable, sans l'avertir qu'il mettra à son à-compte les revenus provenant des messes de la province de Montréal ;

4° Au contraire, tout, dans ses paroles et dans ses démarches, indique qu'il entend bien ne pas tenir compte de ces revenus pour le paiement de la dette réclamée ;

5° Il presse la reconnaissance, et même, pour une partie, le paiement immédiat de cette dette, avant que le texte de l'Indult ait été porté à la connaissance des intéressés ;

6° Les administrateurs actuels de la Succursale sont consentants, et même désireux de payer au Séminaire de Québec ce qui lui est dû réellement. (Voir le mémoire "Sur les comptes du Séminaire de Québec contre la Succursale.")

Donc, nous sommes bien loin de l'état de choses qui existait au 5 mai 1889, et cela, par le choix et la volonté du Séminaire de Québec.

J'ai dû prendre, bon gré mal gré, l'administration financière de la Succursale, puisque le Séminaire de Québec l'avait *abandonnée ;* je veux bien encore prendre à ma charge la dette ; mais, de grâce, qu'on me laisse la disposition des revenus destinés à payer cette dette.

Le Séminaire de Québec ne peut me passer tous les *désavantages* de la situation, et en garder pour lui tous les *avantages.*

Les choses étant ainsi, le Séminaire de Québec ayant remis à l'Archevêque de Montréal l'administration de la Succursale, et lui réclamant le paiement d'une dette, le Saint-Siège, en remettant à l'Archevêque de Montréal l'administration des revenus créés pour payer cette dette, dans mon humble opinion, ne change rien à l'essence de l'Indult. Ce ne serait pas " disposer différemment dans une même chose," puisque la chose, c'est-à-dire, la situation n'est plus la même. Seulement, les circonstances étant changées par le choix du Séminaire de Québec, le Saint-Siège fait de l'Indult, pour l'adapter aux circonstances nouvelles, une nouvelle application.

Mais l'Indult reste le même quant au *but*, payer ce que la Succursale doit au Séminaire de Québec, quant aux *moyens*, le payer par les revenus provenant des messes de la province de Montréal, et quant à l'*esprit*, qui ne s'en trouve rempli qu'avec plus d'aisance, de facilité et de profit pour tous.

Car, j'en fais la promesse au nom de mon Archevêque, si le Saint-Siège veut bien lui en donner l'administration, ces revenus seront employés tout d'abord, exclusivement, à payer, jusqu'à l'extinction de la dette, ce que la Succursale doit réellement au Séminaire de Québec.

XI

" Alors, puisque ces revenus doivent servir à payer avant tout, la dette du Séminaire de Québec, quels avantages prétendez-vous retirer de cette nouvelle application de l'Indult que vous proposez ? "

Des avantages très grands :

1º Comme la dette, que le Séminaire de

Québec réclame de la Succursale, est de $19,-
673.10 (voir document N° XXII), et comme la
moyenne, par année, des revenus provenant des
messes de la province de Montréal, est de $6,-
227.60, dans trois ans, la dette sera presque entièrement éteinte, et les revenus des deux années subséquentes nous resteront pour faire fonctionner l'institution ;

2° Si, comme je le pense, cette dette était
moindre que $19,673.10, la Succursale aurait la
jouissance de ces revenus encore plus tôt ;

3° Si, par hasard, comme plusieurs le soutiennent, cette dette n'existait pas du tout, nous
nous trouverions à en jouir de suite ;

4° Dans notre pauvreté, nous échappons au
danger d'avoir à faire des paiements qui ne sont
pas à notre charge. Déjà, j'ai dû solder, pour ne
pas susciter dans le public des récriminations
désagréables, certains comptes flottants, qui
m'étaient annoncés dans le *Nota bene* de la
première reddition de Comptes (voir document N° II). De plus, j'ai payé, sous protêt, la
somme de $3,500.00 (près de dix-huit mille

francs) pour tirer d'embarras un vieil ami du Séminaire de Québec, un généreux bienfaiteur de la Succursale, dont l'obligeance était venue au secours de M. l'abbé Marcoux dans une circonstance difficile. (Voir document N° XXXIV.) La prudence nous avertit de ne pas aller plus loin dans cette voie.

5° Le fait que la Succursale a l'administration de tous ses revenus, alors qu'elle a dû prendre la charge de toutes ses obligations, donne, pour le présent et le futur, de la confiance au Vice-Recteur et aux professeurs ; et la confiance est le nerf de l'initiative, de l'énergie et du succès.

6° Le fait notoire que la Succursale a des ressources suffisantes pour subsister, et qu'elle les administre elle-même, pose l'institution sur le marché monétaire, et lui garantit le crédit nécessaire pour faire ses transactions.

7° Mais, ce qui est un avantage bien supérieur à tous ceux que je viens d'énumérer, les faveurs du Saint-Siège, données dans les conditions que je suggère, relèveraient le prestige moral de la Succursale, lui rallieraient les sympathies d'un bon nombre, et lui ouvriraient pour l'avenir la source des dons, si abondante à Montréal pour toutes sortes de bonnes œuvres, et, malheureusement jusqu'ici, si stérile pour l'œuvre universitaire.

Que la Succursale de l'Université Laval n'ait pas été, jusqu'à présent, populaire dans le district de Montréal, même chez de fort bons esprits, il n'y a pas à se le cacher. Pour quelles raisons ? Ce n'est pas le moment de faire cette étude, qui serait longue et compliquée. Mais le fait existe, public, avéré, incontestable ; et l'on ne raisonne pas plus contre un fait que contre un chiffre. A ces causes de froideur, d'indifférence et même d'antipathie, que nous lègue le passé, il est expédient, ce me semble, de ne pas laisser s'ajouter, à raison ou à tort, peu importe, l'impression que la Succursale est en tutelle monétaire et qu'elle est exploitée au profit d'une autre institution. Or, je ne doute pas que, dans les circonstances, refuser à l'Archevêque de Montréal l'administration des revenus créés pour les fins universitaires dans les limites de sa province ecclésiastique, lorsque le Séminaire de Québec lui abandonne toutes les charges et toutes les obligations financières de l'Université à Montréal, refroidirait les sympathies naissantes, et créerait un sentiment pénible dans toute la province.

Du reste, c'est là aussi l'opinion de Monseigneur l'Archevêque de Montréal, puisque, dans sa lettre à Son Eminence le Cardinal Simeoni, en date du 4 septembre, il dit:.. "et je crois qu'il m'est permis d'espérer que Montréal devra bénéficier de ses revenus directs dont la privation ne pourrait que froisser inutilement le sentiment public, et détourner de l'œuvre les sympathies d'un grand nombre. Il appuie sur cette idée, tant il y attache d'importance : "... je prends la respectueuse liberté de faire connaître ma pensée à Votre Eminence, d'insister même pour qu'on fasse droit à ma demande, afin qu'aucun obstacle n'empêche le ralliement des esprits, et ne vienne enrayer un mouvement entrepris pour le plus grand bien de l'Université, et de tout le pays." (Voir document N° XXXII.)

Voulons-nous profiter du mouvement favorable qu'a créé dans l'opinion publique la Constitution *Jam dudum*, et favoriser le courant des bonnes volontés qui a commencé enfin à se diriger vers l'Université à Montréal, faisons en sorte qu'il devienne évident pour tous que la Succursale est, non pas indépendante (loin de moi cette pensée), mais libre dans sa sphère d'action, et qu'elle est traitée avec tous les égards et tout le respect dus à une personne libre.

XII

Dans un cas analogue à celui-ci, le gouvernement de la Province de Québec a trouvé légitime et incontestable la prétention que j'expose en ce moment, et il lui a donné raison.

Le 15 janvier 1889, Sa Sainteté Léon XIII, Pape glorieusement régnant, rendait un jugement d'arbitrage, par lequel il faisait la distribution des quatre cent mille piastres que le

Gouvernement de Québec restituait à l'Eglise pour " les biens des Jésuites ; " et entre autres dispositions, il accordait $100,000.00 à l'Université Laval à Québec, et $40,000.00 à l'Université Laval à Montréal. (Voir document N° XXXV.)

Le moment, pour le Gouvernement de Québec, de payer ces différentes sommes approchant, la question se dressa devant lui : " A qui remettre cet argent donné à l'Université Laval ? " Pour le siège de Québec, il n'y avait pas de doute, mais le siège de Montréal !...

" D'après les termes du décret, me dit l'honorable Honoré Mercier, premier ministre de la Province de Québec, il me semble que c'est au Séminaire de Québec. Voyez :... cedant vero septingenta millia francorum (fr. 700,000) Lyceo Magno Catholico Lavallensi, quorum quinquaginta millia Archidiœcesi Marianopolitanæ, bis centum millia (fr. 200,000) Succursali Marianoplitanæ ejusdem Universitatis."

" Oui, lui répondis-je, mais vous semble-t-il qu'il en soit ainsi, d'après l'esprit du décret ?

Au 15 janvier, le Séminaire de Québec était l'administrateur financier de la Succursale ; mais actuellement, il a renoncé à cette administration pour la passer à l'Archevêque de Montréal ; par le fait, ne lui a-t-il point passé également le droit qu'il pourrait avoir de toucher cet argent ? Si le Saint-Père donnait son jugement aujourd'hui, dans ces conditions nouvelles, pensez-vous qu'il n'accorderait pas l'administration des 40,000 piastres destinées à la Succursale de Montréal, à ceux qui en sont, à l'heure présente, les administrateurs ?"

"Très bien, reprit-il, veuillez, pour me permettre de les étudier à loisir, me soumettre vos suggestions par écrit."

En conséquence, le 20 octobre 1889, je soumettais à l'honorable Premier Ministre de la Province de Québec, les considérations suivantes, à savoir : "Que, par le décret du Souverain Pontife, une somme de quarante mille piastres a été attribuée à la branche de Montréal de l'Université Laval ; qu'à la date où le dit décret a été rendu, le Séminaire de Québec

avait l'administration de cette branche de l'U-
niversité Laval ; mais que depuis cette date, à
savoir, le 27 juillet dernier, il a abandonné cette
administration, et qu'il en a informé le Vice-
Recteur, M. l'abbé J. B. Proulx, par une lettre
en date du vingt-neuf août dernier, et le public
par un avis inséré dans les journaux de Montréal les sept et huit octobre courant, que le
Séminaire de Québec, ayant ainsi abandonné
l'administration financière de la branche Montréalaise de l'Université Laval, n'est plus l'administrateur autorisé à recevoir la somme de
quarante mille piastres, attribuée à cette branche par le Souverain Pontife ; que, par lettre
en date du vingt-neuf août dernier de Mgr
Paquet, supérieur de Québec, le dit Séminaire
a autorisé le Vice-Recteur de Montréal à prendre possession de tout ce qui appartient à la
Succursale, et à administrer les biens de celle-ci
en son nom ou au nom de Monseigneur l'Archevêque de Montréal, substituant ainsi la
Succursale et Monseigneur l'Archevêque de
Montréal au Séminaire de Québec dans l'admi-

nistration financière de la Succursale : à ces causes, les soussignés ont l'honneur de vous prier de vouloir bien payer à Monseigneur l'Archevêque de Montréal la somme de quarante mille piastres qui a été attribuée par le Souverain Pontife à la branche de Montréal de l'Université Laval, afin que la dite somme soit administrée pour les fins et les besoins de l'Université Laval à Montréal." (Voir document N° XXXVI.)

L'honorable Mercier, après en avoir pris connaissance et les avoir étudiés avec soin, me demanda de vouloir bien passer ces *considérants* au Révérend Père Adrien Turgeon, S. J., chargé de remettre au nom du Saint-Père, aux différents intéressés, les diverses sommes d'argent, telles qu'elles avaient été distribuées par le décret pontifical. Je le fis le 25 octobre 1889. (Voir document N° XXXVI.)

Le Révérend Père A. Turgeon, S. J., après avoir consulté ses aviseurs légaux, trouva que notre prétention était raisonnable, rationnelle et logique ; et, le 5 novembre, jour de la distribution des $400,000.00, il remit, sans hésitation, au représentant de Monseigneur l'Archevêque de Montréal, les $40,000 piastres attribuées par le Souverain Pontife au Siège universitaire de Montréal.

Le représentant du Séminaire de Québec, M. l'abbé Cléophas Gagnon, était présent, il ne fit aucune opposition; et, à vrai dire, quelle objection aurait-il pu soulever? On remettait, pour l'argent donné au bénéfice de la Succursale, l'administration aux administrateurs!

Tout simplement, ni plus ni moins, c'est la même chose que je demande aujourd'hui au Saint-Siège, de vouloir bien permettre pour le revenu provenant des messes de la province de Montréal.

XIII

" Mais, peut-on me dire, vous n'êtes pas adroit, en évoquant le souvenir de ces $40,000. 00; par là, vous avouez que la Succursale a quelque ressource extérieure, et l'on pourrait bien supposer qu'elle n'est pas dans un besoin aussi grand que vous le dites."

Vraiment !... sans doute, si je n'en eusse pas parlé, on aurait ignoré un fait que tout le monde connaît ; et nos adversaires en matière d'appréciation, qui pensent à tout (je le sais), n'y auraient pas songé !

Dans tous les cas, j'aime à le répéter, je ne suis point un avocat, je ne fais pas un plaidoyer, mais un mémoire ; j'étudie avec franchise, avec impartialité, la question sous toutes ses faces ; je désire en présenter le côté fort, afin d'obtenir un jugement dont les effets soient efficaces et durables, parce qu'il reposera sur le vrai.

Cette objection n'est pas nouvelle pour moi ; la veille de mon départ pour Rome, Mgr Paquet m'a dit : " La Succursale est riche, elle vient de recevoir $40,000.00. Pendant cinq ans, les messes de la province de Montréal ne lui auraient guère rapporté plus de $30,000.00 : vous voilà avec un surplus inattendu de $10,000.00.

Vous pouvez, sans vous gêner, renoncer au revenu des Messes."

Je lui fis une réponse qui peut n'être pas très forte en soi, mais qui a au moins le mérite d'être aussi forte que l'objection. " Le Séminaire de Québec est bien plus riche, il a reçu $100,000.00. Pendant cinq ans, si mes renseignements sont bons, les messes des deux provinces ne vous rapporteront pas plus de $75,000.00. Vous voilà avec un surplus de $25,000.00. Allez-vous renoncer au revenu des messes ? Au moins, nous laisserez-vous celui des messes de Montréal ? " Pas de réponse.

La Succursale a $40,000.00 ! Heureusement, c'est un don qui est arrivé providentiellement, à son heure ; car, sans cela, la Succursale aurait déjà fermé ses portes. Je travaille à l'Université, actuellement, sans honoraires ; et j'ai dû commencer mon administration par lui avancer, sur mes revenus personnels, plusieurs centaines de piastres, sans savoir au juste qui me les rembourserait.

L'Archevêque de Montréal n'a reçu ces $40,-

000.00 qu'en fidéicommis. La question dite
" des biens des Jésuites " menaçait d'être trans-
portée devant les Cours de Justice, ou devant
le Conseil Privé de Sa Majesté la Reine d'Angleterre ; et si, ce que je ne croyais pas, mais
enfin ce qui était dans l'ordre des choses pos-
sibles, la loi du Gouvernement de Québec, par
laquelle il restitue ces biens à l'Eglise, était
déclarée *ultra vires*, l'Archevêque de Montréal
se serait vu obligé de remettre ces $40,000.00
aux Jésuites qui les auraient rendues à l'Etat.
Dans ces circonstances, la question légale n'é-
tant pas décidée, il n'était pas prudent de dé-
penser un seul sou sur ces quarante mille piastres. Pourtant, je dois l'avouer, elles ont été
alors entamées, et largement. Que voulez-vous ?
la nécessité, dans le cas présent, a été plus forte
que la prudence.

L'intérêt sur $40,000.00 est de 2,000 pias-
tres. Seule, l'augmentation dans les émoluments
des professeurs que nous ont occasionnée la
marche des événements et le retrait subit du
Séminaire de Québec de l'administration finan-

cière de la Succursale, s'élève à plus de $2,000.00.
Alors, où est le surplus dans nos recettes ? et
comme auparavant, la Succursale demeure en
face de son déficit annuel de $5,000.00, si on la
prive du revenu provenant des messes de la
province de Montréal. (Voir, plus haut, la
deuxième partie de ce Mémoire N° XXIII.)

Du reste, même en supposant que la Succursale n'eût pas de déficit, qu'elle ne fût pas
obligée d'entamer les $40,000.00 chaque année,
et qu'un arrangement définitif avec l'Ecole de
Médecine et de Chirurgie de Montréal ne vînt
pas réclamer une bonne partie de cette somme,
après tout, qu'est-ce que quarante mille piastres
pour assurer l'existence d'une institution comme
l'Université à Montréal, pour subvenir à ses
nombreuses obligations, pour payer les dettes
du passé, pour établir son crédit, pour construire ses édifices, pour monter sa bibliothèque,
pour fournir ses musées, enfin pour la mettre
sur un pied qui lui permette de lutter, sans trop
de désavantages, avec des Universités protes-

tantes, disposant de millions et de millions de francs.

Non, mon avancé reste intact. Le Siège universitaire de Montréal ne peut subsister sans le revenu provenant des messes de la province de Montréal, ou un autre secours monétaire qui en soit à peu près l'équivalent, et j'ajoute :

Le Siège de Québec n'en a pas besoin.

XIV

Pour prouver que l'Université Laval à Québec peut fonctionner sans un secours d'argent venant de Montréal, je n'invoquerai que le témoignage de Mgr Paquet, il suffit.

Je n'ai pas sous la main l'affirmation que le Séminaire de Québec aurait faite au gouvernement de la Reine d'Angleterre, qu'il était en état de supporter toutes les dépenses d'une Université à Québec ; mais j'ai actuellement sous les yeux " le rapport du Recteur de l'Université Laval au Conseil Supérieur pour l'année

1888-89," je ne parlerai que de celui-ci. Il y est dit :

" Pendant l'année qui s'étend de janvier 1888 à janvier 1889, les recettes ont été de \$6,212.04 et les dépenses de \$12,931.25.

La recette se décompose comme suit :

Payé par les élèves pour suivre les cours. \$5,467.00
Payé par diplômes. 462.79
Payé par les visiteurs des musées . . . 282.25
                                        ——————
                                        \$6,212.04

La dépense se décompose comme suit :

Pour éclairage, chauffage, assurance, réparations et employés. \$4,904.44
Pour la bibliothèque de l'Université et les
   cabinets de Physique et de Chimie . . . 1,285.17
Pour le salaire des professeurs. 6,741.10
                                           ——————
         Total de la dépense . . \$12,931.25

Ce qui laisse un déficit de \$6,719.21..."

En passant, je ferai remarquer que ce rapport qui, pour les autres matières, est le rapport de l'année *universitaire* 1888-89, est, pour l'état financier, le rapport de l'année *civile* 1888. Si nous avions le tableau et le balancement des recettes et des dépenses pour les six mois qui restent sur l'année universitaire 1888-89, dont on dit faire le rapport au Conseil Supérieur, peut-être apporteraient-ils quelque changement dans le déficit tel que présenté ci-dessus. Dans tous les cas, ce déficit ne prouve aucunement, comme je vais le démontrer dans un instant, que Québec, pour vivre, ait besoin de Montréal.

Toujours en passant, ne vous semble-t-il pas qu'une institution qui possède, à tout prendre, la plus belle bibliothèque et les plus beaux musées du Canada, ne se croit pas dans des embarras sérieux d'argent, quand elle consacre, au cours d'une seule année, dans le but d'augmenter ses richesses en livres, en instruments de physique et en matières chimiques, une somme qui dépasse sept mille francs.

Dans ce rapport, Mgr Paquet ne dit pas un mot des recettes qui lui sont venues, pendant cette année 1888, des messes de la province de Québec. Il me semble que, pour avoir une idée juste du déficit qui pèse sur l'Université à Québec, il ne faudrait pas oublier de faire rentrer en ligne de compte un item aussi important.

Or, les cinq centins, retenus sur chacun des honoraires de messes envoyés à l'étranger, dans la seule province de Montréal, pour les cinq dernières années, ont rapporté une moyenne par année de $6,227.60. Et, j'attire l'attention sur ce point, ces cinq centins rapportent beaucoup plus dans la province ecclésiastique de Québec; j'en ai pour garantie la parole de Mgr Paquet, l'affirmation plusieurs fois répétée de M. l'abbé J. E. Marcoux, ex-Vice-Recteur à Montréal, et l'opinion générale dans le pays.

De combien ce revenu, provenant des messes de la province de Québec, dépasse-t-il celui qui provient des messes de la province de Montréal? *De beaucoup*, c'est tout ce qu'on m'a dit à Québec, et c'est tout ce que je sais. On ne m'a pas mis dans le secret de la somme elle-même; et il est probable qu'on m'y aurait mis, si elle avait été minime. Du reste, le Saint-Siège doit connaître la chose exactement: car il n'y a pas de doute que Mgr Paquet ne se soit fait un devoir de porter à sa connaissance le montant des revenus extrinsèques que l'Université tient de sa haute bienveillance.

Donc, ce revenu des messes de la province de Québec, dont Mgr Paquet n'a pas parlé dans son rapport au Conseil Supérieur, comble, ou à peu près, le déficit de $ 6,719.21 qu'il met en avant.

Donc, le Siège universitaire de Québec, pour fonctionner, n'a pas besoin des revenus provenant des messes de la province ecclésiastique de Montréal.

XV

Dans son rapport au Conseil Supérieur, Mgr Paquet dit : " Ce qui laisse un déficit de $ 6,719.21, sans compter, il va sans dire, l'intérêt des capitaux mis dans la fondation de l'Université, ni celui que nous payons annuellement sur la dette contractée pour la même œuvre." (Voir document N° XXXIII.)

Si je m'en rapporte à des paroles tombées de haut lieu, si je rapproche la phrase précédente de sa pétition au Saint-Père, où Mgr Paquet

demande les revenus provenant aussi bien des
messes de la province de Montréal que des messes de la province de Québec, " utilitate Universitatis Lavallensis erectæ in civitate Quebecensi" (voir document N° XXIX), je ne puis
m'empêcher de penser : S'agirait-il de faire
payer à Montréal une part proportionnée à celle
de Québec, sur les dépenses faites pour l'Université à Québec ? J'aimerais à croire que non ; car
ce serait réveiller et soulever une foule de questions que, dans l'intérêt de tous, il vaut mieux
laisser dormir.

Dans ces dépenses, quelle part reviendrait
à Montréal ? sur quelles bases se mettrait-on
pour en déterminer le montant ? Montréal en
a-t-il retiré quelque avantage ? Jamais a-t-il été
consulté sur l'à-propos de les faire ? Au contraire, n'a-t-il pas maintes fois protesté, d'une
manière ou d'une autre, qu'il n'entendait pas y
être entraîné ? Quand on n'a pas voix au chapitre, peut-on être appelé à solder la note ? Ces
dépenses pour l'Université à Québec n'ont-elles
pas été faites, presque toutes, avant l'établisse-

ment de la Succursale à Montréal, alors que le
Séminaire de Québec était loin de demander à
qui que ce soit, au Canada, un secours monétaire
pour remplir les obligations dont il s'était chargé
par dévouement à l'éducation ? L'établissement
de la Succursale à Montréal a-t-il fait subir au
Séminaire de Québec quelques pertes matériel-
les, à part, peut-être, la perte d'espérances irréa-
lisables? Si on demande à Montréal d'entrer
dans le paiement de ces dépenses, ne faudra-t-il
pas apporter sur table un état détaillé des comptes ? Dans cette dette du Séminaire de Québec,
n'entre-t-il pas certaines spéculations malheureuses, certaines pertes causées par la déprécia-
tion que le malheur des temps ou les caprices
du commerce ont apportées dans la valeur des
propriétés, ou certaines dépenses magnifiques
faites pour des améliorations très utiles sans
doute, mais qui étaient loin d'être commandées
par la nécessité ? Le pays maintenant doit-il
être mis à contribution pour éteindre ou diminuer une dette qu'on a eu soin de faire seul, de
son chef, afin de conserver ses allures libres, et

de n'avoir aucun compte à rendre à personne ? Le Séminaire de Québec est-il réellement aussi pauvre que quelques-uns le prétendent ? Ne reste-il pas encore une des institutions du pays les plus solidement assises ?

Voilà ce que j'ai entendu dire, maintes et maintes fois, dans des cercles très sérieux et, en général, très bien informés. Quelle est, en réalité, la valeur intrinsèque de tous ces points d'interrogation ? Je n'entreprendrai pas, aujourd'hui, d'élucider ces questions multiples et complexes, comme la chose n'entre qu'indirectement dans le cadre de mon sujet ; seulement, il m'est avis qu'il vaut mieux, dans l'état actuel des esprits, tout couvrir d'un silence prudent, Québec et Montréal acceptant de faire chacun de leur côté, vaillamment, les dépenses de leur siège universitaire.

Que le Séminaire de Québec, vu qu'il s'est chargé d'être l'administrateur financier de l'Université à Québec, demande des subsides au district de Québec, je n'ai rien à dire, cela ne me regarde pas ; même que Rome lui accorde le revenu provenant des messes de la province ecclésiastique de Québec, pour dix ans, pour quinze ans, pour trente ans, si on le veut, j'y applaudirai ; mais, puisqu'il prétend bien ne faire aucune dépense pour l'établissement de l'Université à Montréal, puisque même il exige le remboursement de ce qu'il y a dépensé dans ce but, de grâce, qu'il ne vienne pas demander au district de Montréal ce qui serait considéré, par un trop grand nombre, comme l'impôt du sang.

L'Université à Québec a une dette! mais elle a par contre, en valeur, ses bâtisses, sa bibliothèque, ses musées, ses cabinets de physique et de chimie, le tout sur un pied qui ferait honneur, soit en Europe, soit en Amérique, à n'importe quelle institution de ce genre.

L'Université à Montréal a une dette! et elle n'a ni bâtisses, ni musée, ni laboratoire, ni bibliothèque qui vaille la peine d'être mentionnée.

Quand Montréal se sera enrichi de constructions et d'un outillage universitaire à l'égal de ce qu'on admire à Québec, lui aussi, il aura sa dette forte, ronde; et il pourra écrire avec Mgr Paquet, en parlant de ses dépenses d'alors : " sans compter, il va sans dire, l'intérêt des capitaux mis dans la fondation de l'Université, ni celui que nous payons annuellement sur la dette contractée pour la même œuvre." (Voir document N° XXXIII.)

Il existe, en certains pays, ce qu'on appelle les écoles communes. Tous les citoyens sont taxés pour le soutien des écoles de l'Etat, et les pères de famille qui désirent avoir pour leurs enfants des écoles séparées, où l'enseignement soit conforme à leurs principes ou à leurs intérêts sectionnels, doivent s'imposer pour les soutenir une taxe supplémentaire. Il me répugne de croire que l'on veuille imposer au district de Montréal un système du même genre, en lui faisant payer une partie des dépenses de l'Université à Québec, en même temps qu'il reste chargé seul des dépenses de l'Université à Montréal. Voudrait-on tuer, dans son germe, l'idée et le fonctionnement de l'unité universitaire au Canada, on ne saurait prendre un moyen plus efficace. L'esprit public se révolterait contre cette prétention, et les ennemis de l'Université en profiteraient pour réussir dans leurs desseins indubitablement.

XVI

" Mais, dira-t-on, le Séminaire de Québec a fait de grands sacrifices pour l'éducation." C'est très vrai. Cette maison est une de nos gloires nationales ; et, depuis les premiers jours de la colonie, ses membres, prêtres dans la force du terme, ont donné l'exemple de tous les dévouements. C'est pourquoi, il serait, aujourd'hui, si pénible de voir qu'une politique nouvelle, ne fût-ce que pour un temps, fît dévier cette noble institution des longues traditions d'abnégation, de générosité et de grandeur d'âme qui ont fait son mérite dans un passé béni.

L'éducation chrétienne de la jeunesse, chez nous pas plus qu'ailleurs, n'est une profession lucrative. A côté du Séminaire de Québec, dans les différentes parties du pays, au fur et à mesure que le besoin s'en faisait sentir, ont surgi de nouvelles maisons d'éducation, fondées dans le sacrifice, soutenues par les privations de toutes sortes, allant toujours grandissant malgré le poids de dettes considérables qui n'ont cessé de peser sur leurs épaules. Va-t-on, pour compenser leurs dépenses, leur créer des revenus, surtout sur les districts qui échappent au bienfait de leurs services immédiats? La pauvreté a fait leur force; l'abondance et le confortable, que je leur souhaite du reste dans la mesure du possible, les conduiraient, peut-être, à la ruine.

Voici la liste des Séminaires et des Collèges affiliés à l'Université Laval, énumérés d'après l'ordre de leur affiliation: le Petit Séminaire de Québec, le Séminaire de Nicolet, le Collège de Ste-Anne, le Petit Séminaire de Ste-Thérèse, le Séminaire des Trois-Rivières, le Petit Séminaire de St-Germain de Rimouski, le Petit Séminaire de Chicoutimi, le Petit Séminaire de Sherbrooke, le Collège de Levis, le Petit Séminaire de St-Hyacinthe, le Petit Séminaire de

Monnoir, le Collège de l'Assomption, le Collège de Joliette, le Collège de St-Laurent, le Collège Bourget et le Collège de Montréal. N'y a-t-il pas matière à une légitime satisfaction, pour le Séminaire de Québec, de pouvoir marcher à la tête de tant d'honorables institutions, et d'être, aux applaudissements et avec l'agrément de tous, *primus inter pares ?*

Compterait-on pour rien l'honneur d'avoir été choisi pour servir de pierre angulaire à une université qui doit couvrir de ses rameaux tout le Canada français, et l'influence que donne ce droit d'aînesse, ainsi que le mérite d'une grande mission accomplie.

Dans le Conseil universitaire, tel que constitué actuellement, il n'y a pas à le cacher, le Séminaire de Québec a la prépondérance. Possédant des hommes instruits, habiles, on peut être certain qu'il saura non seulement protéger ses intérêts, mais encore diriger de haut, selon sa manière de voir, les courants d'idées générales, dans les deux sièges de l'Université. J'irai plus loin : s'il y a un danger pour le Séminaire de Québec dans le fonctionnement du rouage universitaire, ce n'est point qu'il ne soit pas assez puissant, ce serait de l'être trop.

Le nom de Laval est lié aux entrailles du Séminaire de Québec, et à l'extérieur, dans les pays étrangers, le Séminaire restera toujours, plus ou moins, la personnification de l'Université Catholique au Canada ; et même, quel que soit l'éclat auquel puisse parvenir un jour le siège de Montréal, il reviendra toujours à Québec une large part de ce rayonnement, comme étant le foyer premier d'où il émane.

Considérant cette position vraiment enviable qu'occupe le Séminaire de Québec dans l'ensemble universitaire, position qu'il peut rendre, s'il le veut, par la libéralité de ses vues, tous les jours de plus en plus belle, y a-t-il, je vous le demande, une somme d'argent qui puisse égaler la somme de ces avantages privilégiés ?

Non. Mais finissons.

QUATRIÈME PARTIE

CONCLUSIONS DU MÉMOIRE

XVII

Je résume. Dans le dessein :

1º De sauver l'existence de la Succursale de l'Université Catholique à Montréal ;

2º D'assurer l'exécution des décrets romains, et surtout de la Constitution *Jam dudum ;*

3º Et de prévenir l'érection, à Montréal, d'une Université laïque, qui s'élèverait sur les ruines de la Succursale et des décrets ;

Vu que :

1º La chose peut se faire sans rien changer d'essentiel à l'Indult du 5 mai 1889 ;

2º Que le mode proposé rallierait à la Succursale les sympathies d'un grand nombre dans le district de Montréal ;

3º Et que le siège universitaire de Québec n'en serait aucunement enrayé dans son fonctionnement ;

Je conclus ce mémoire :

1° En demandant au Saint-Siège de vouloir bien créer pour la Succursale de l'Université Laval à Montréal, pour un laps de temps devant durer cinq années à partir du premier de septembre 1889, des ressources pécuniaires venant de l'extérieur ;

2° En rappelant que ces ressources extérieures, pour permettre à la Succursale de fonctionner convenablement, ne doivent pas être moindres que six ou sept mille piastres ;

3° En suggérant, avec le plus grand respect, comme moyen le plus facile et le plus naturel de créer ces ressources, le projet de donner à l'Archevêque de Montréal l'administration des revenus provenant des messes de la province ecclésiastique de Montréal, déjà attribuées, par l'Induit du 5 mai 1889, au paiement de la date de la Succursale.

Et, en terminant, je renouvelle la promesse autorisée que j'ai déjà faite au cours de cet exposé, à savoir, que, si le Saint-Siège veut bien lui en donner l'administration, l'Archevêque de Montréal s'engage à employer ces susdits revenus, tout d'abord, exclusivement, jusqu'à extinction de la dette, à payer ce que la Succursale doit réellement au Séminaire de Québec.

XVIII

Voilà quelle est ma demande; je la crois modérée et juste; j'ose espérer qu'elle paraîtra telle aux yeux de Notre Très Saint Père le Pape, et des Eminentissimes Cardinaux de la Sacrée Congrégation de la Propagande.

Cependant je n'ignore pas que, dans tout gouvernement, il existe des raisons d'administration générale, connues des supérieurs, inconnues des inférieurs, lesquelles empêchent souvent l'exécution de desseins, considérés par tous comme les plus sages en eux-mêmes, mais que des circonstances délicates rendent dans la pratique, pour le moment inapplicables.

C'est pourquoi j'ajoute, comme achèvement à mon travail, ce qui suit: le principal, l'important, le nécessaire, c'est que l'on crée pour la Succursale des ressources suffisantes pour lui permettre de subsister; quant au reste, je l'abandonne volontiers à la discrétion et au discernement de ces hommes prudents, à qui l'Eglise a confié l'administration des affaires religieuses de la moitié de l'Univers catholique.

Ainsi donc, tout ce que l'on voudra bien accorder à la Succursale, et de la manière que l'on jugera à propos de le faire, je l'accepte d'avance, avec reconnaissance, et je ne crains pas de m'en déclarer satisfait: persuadé, comme je le suis, que tout sera calculé de manière à soulager la conscience publique, à ménager les sentiments de susceptibilités inquiètes, à prévenir les récriminations, à respecter les égards dus à la dignité personnelle, à ne contredire en rien les décisions précédentes, à ne gêner aucunement toute liberté d'action légitime et nécessaire, à favoriser les développements indispensables de l'avenir, à produire et cimenter la paix, ainsi qu'à promouvoir les grands intérêts universitaires également, ce que je désire de tout cœur, aussi bien à Québec qu'à Montréal. (1)

Je demeure, avec la vénération la plus profonde,

De Votre Eminence,

Eminentissime Seigneur,

Le très dévoué et très obéissant serviteur,

J. B. PROULX, *Prêtre*,

Vice-Recteur U. L. M.

_____

(1) Pour la réponse à ce mémoire voir document No LI. (Note de l'édition montréalaise.)

MÉMOIRE

SUR

LA NÉCESSITÉ DE L'INFLUENCE ÉPISCOPALE

DANS LE RÈGLEMENT DE

NOS DIFFICULTÉS UNIVERSITAIRES

A MONTRÉAL

PAR

L'ABBÉ J. B. PROULX

VICE-RECTEUR DE L'UNIVERSITÉ LAVAL A MONTRÉAL

1890

ROME

Imprimerie A. Befani

SOMMAIRE DU MÉMOIRE

SUR LA NÉCESSITÉ DE L'INFLUENCE ÉPISCOPALE

———

I.   —Tout le monde, à peu près, dans le district de Montréal, désire l'union des deux Ecoles de Médecine :

II.   —Les Evêques;

III.   —Le Clergé ;

IV.   —La Faculté de Médecine de l'Université Laval à Montréal, et l'Ecole de Médecine et de Chirurgie de Montréal, comme corps ;

V.   —Les membres dissidents de l'Ecole de Médecine ;

VI.   —Les Professeurs opposants de la Faculté Médicale de l'Université.

VII.   —Mais chacun voudrait cette union à sa manière.

VIII.   —Pour concilier les esprits, il faudrait l'autorité d'une haute influence morale, laquelle ne peut être :

IX.   —Ni le Séminaire de Québec ;

X.   —Ni le Conseil Universitaire ;

XI.   —Mais bien l'Episcopat de la province ecclésiastique de Montréal :

XII.   —Lequel, du reste, est la seule influence bénigne, capable de régler toutes nos autresdi fficultés universitaires.

XIII.   —Comme conclusion, le Vice-Recteur de l'Université Laval à Montréal demande au Saint-Siège de vouloir bien confier à l'autorité et à la prudence de l'Archevêque et des Evêques de la province de Montréal, le soin de voir aux meilleurs moyens d'amener l'union entre les deux Ecoles de Médecine.

LE CARDINAL SIMEONI

ROME, 1ᵉʳ juin 1890.

I

EMINENTISSIME SEIGNEUR,

Qu'il me soit permis de présenter à Votre Eminence, aujourd'hui, sous une forme plus précise, les nombreuses remarques que j'ai eu l'occasion de lui exposer, en plusieurs circonstances, sur *la nécessité* qu'il y a d'avoir recours, avant tout, *à l'influence épiscopale*, si l'on veut opérer, d'une manière définitive et complète, *le règlement de nos difficultés universitaires à Montréal :* remarques dont j'ai passé à Votre

Eminence un résumé très succinct, et rapidement rédigé, dans une note en date du 15 mai 1889.

D'abord quant à l'union de l'Ecole de Médecine et de Chirurgie de Montréal avec la Faculté de Médecine de l'Université Laval à Montréal, difficulté dont j'ai en vue le règlement d'une manière toute spéciale en rédigeant ce travail, il n'y pas de doute que, dans le district de Montréal, parmi les esprits modérés qui ont sincèrement à cœur la réussite des décrets romains et le succès des études universitaires dans l'élément catholique, le sentiment général ne soit en faveur de ce moyen d'apaisement, de pacification et de prospérité.

L'union ne peut rencontrer d'adversaires que chez ceux qui voudraient se servir, dans un avenir plus ou moins rapproché, de l'Ecole de Médecine comme base d'une Université laïque, ou chez ceux qui aspirent encore à posséder à Montréal une université catholique indépendante malgré les déclarations si formelles du Saint-Siège à ce sujet, ou chez ceux qui, par chagrin ou autrement, n'ont pas confiance dans la sagesse et l'efficacité de la Constitution *Jam dudum.* Or je crois que ces trois catégories de personnes, actuellement, voient leur nombre et leur influence diminuer de jour en jour. Certainement, si jamais l'autorité supérieure, je veux dire l'autorité épiscopale, se trouvait en position d'exercer toute l'influence dont elle est susceptible, la patience, la droiture, la franchise et la générosité finiraient par rétablir la confiance nécessaire à l'union des esprits, et il ne resterait plus, dans l'opposition universitaire, qu'un petit camp d'irréconciliables, dont la mauvaise volonté ne pourrait plus faire tort qu'à eux-mêmes.

II

Les Évêques de la province de Montréal désirent l'union. Non seulement ils y voient un gage de paix et de tranquillité pour leurs ouailles, un moyen efficace de renforcer les études médicales qui occupent une place si large dans le bien-être de la société, une garantie pour la foi et les mœurs des nombreux jeunes gens qui suivent aujourd'hui les cours universitaires, mais surtout ils y entrevoient l'extirpation d'un germe dangereux pour l'éducation des générations à venir.

A l'appui de mon avancé, outre les appels chaleureux qu'ils ont faits, dans ce sens, en maintes occasions, dans leurs instructions pastorales, qu'il me suffise de rappeler :

1° L'approbation que donnait Monseigneur l'Archevêque de Montréal, après avoir consulté ses suffragants, à la nomination de tous les membres de l'Ecole de Médecine et de Chirurgie de Montréal comme Professeurs titulaires de la Faculté de Médecine de l'Université Laval à Montréal, ainsi qu'au projet d'union, que je soumettais à la ratification du Conseil Universitaire, le 25 septembre 1889. (Voir document N XXXVIII.)

2° Le télégramme qu'il envoyait à Son Eminence le Cardinal Simeoni, Préfet de la Sacrée Congrégation de la Propagande, en date du 27 septembre 1889, à propos de l'union, *ut Rector*

Lavallensis inducatur ad statim acceptandum.
(Voir document N° XXXIX.)

3° La signature qu'il apposa, le 17 novembre, aux propositions que j'avais faites, le 15 du même mois, aux Membres de l'Ecole de Médecine et de Chirurgie de Montréal, disant " que je n'avais aucune répugnance à étudier, d'un commun accord, s'il n'y aurait pas moyen de mettre la Charte de l'Ecole à la base de la Faculté de Médecine de l'Université Laval à Montréal. (Voir document N° X.)

4° La lettre de délégation que Nosseigneurs l'Archevêque et les Evêques de la province de Montréal m'ont donnée auprès du Saint-Siège, par laquelle ils me chargent d'exposer, entre autres choses, l'opportunité qu'il pourrait y avoir d'admettre, à de certaines conditions, dans l'Université la dite Ecole, avec sa charte dûment amendée. " (Voir document N° I.)

III

De son côté, le clergé du diocèse de Montréal, réuni au Grand Séminaire de St-Sulpice, pour la retraite ecclésiastique, exprima, le 21 du mois d'août 1889, dans un document on ne peut plus explicite, qui fut communiqué aux deux Ecoles de Médecine, le désir qu'il avait de les voir s'unir sur des bases honorables. (1) Et le Clergé, au Canada, est encore, sans contredit, le corps le plus puissant pour agir sur l'opinion publique.

IV

La totalité des Professeurs de la Faculté de Médecine de l'Université Laval à Montréal et la majorité des membres de l'Ecole de Médecine et de Chirurgie de Montréal, attachent une si grande importance à l'union et l'ont tant à cœur, que :

1º Le 20 septembre 1889, ils signaient à l'amiable un acte d'entente, par lequel ils consentaient à constituer ensemble " la Faculté de Médecine de l'Université Laval à Montréal et à

_____

(1) Voir document Nº LIII. (Note de l'édition montréalaise.)

fonctionner comme tels, suivant les règlements universitaires (Voir document N° III.)

2° Que, le 12 octobre 1889, dans un document explicatif, ils réaffirmaient que " tous Profes-. seurs titulaires de l'Université Laval, ils forment la Faculté de Médecine de l'Université Laval à Montréal et donnent l'enseignement universi- taire. " (Voir document N° XL.)

3° Que, le 25 novembre 1889, ils s'engageaient " à prendre le Pape pour arbitre des difficultés qui ont empêché jusqu'ici l'union définitive des deux Ecoles, et à s'en rapporter à sa décision." (Voir document N° IX.)

4° Que, dans le courant du mois de janvier 1890, la majorité des membres de l'Ecole de Mé- decine et de Chirurgie de Montréal, a cru devoir envoyer, au nom de l'Ecole, un délégué auprès du Saint-Siège, dans le but de travailler à lever les obstacles à l'union.

5° Que, dans le courant de février 1890, la dite majorité des membres de l'Ecole a présenté, à la Législature de la Province de Québec, un bill pour amender la Charte de l'Ecole de Méde-

cine et de Chirurgie de Montréal, afin de faciliter l'union définitive entre les deux Ecoles.
(Voir document N° XLI.)

6° Enfin, que les anciens Professeurs titulaires
de la Faculté de Médecine de l'Université Laval
à Montréal, dans un mémoire à Notre Saint-Père
le Pape, que j'ai eu l'honneur de soumettre, en
leur nom, à Votre Eminence le 6 février 1890,
énumérant les sacrifices qu'ils ont faits pour en
arriver à cette union, montrent combien ils la
jugent désirable. " Pour arriver à cette entente,
les soussignés durent faire de nouveaux et
grands sacrifices ; ils s'engagèrent à donner leurs
leçons dans les bâtisses de l'École situées dans
un endroit de plus difficile accès que celles qu'ils
occupent, et qui sont aussi moins convenables
sous tous les rapports. De plus, plusieurs d'entre
eux abandonnèrent des chaires qu'ils occupaient
depuis dix ans pour en prendre d'autres, se mettant par là dans la nécessité de faire de nouvelles
études et de préparer de nouveaux cours." (Voir
document N° XLII et XLIII.)

V

Les trois membres dissidents de l'École de Médecine et de Chirurgie de Montréal, MM. les Docteurs L. B. Durocher, L. A. S. Brunelle et E. A. Poitevin, loin d'être irréconciliables, protestent qu'ils sont, en principe, pour l'union. Ils écrivaient, le 19 novembre 1889, à Sa Grandeur Monseigneur Edouard Charles Fabre, archevêque de Montréal :

" 1º Les trois membres ci-dessus nommés de l'École de Médecine et de Chirurgie de Montréal opposent leur dénégation la plus formelle aux bruits qui circulent et qu'on cherche à répandre, disant qu'ils sont opposés à toute union entre la Succursale de l'Université Laval à Montréal et l'Ecole de Médecine et de Chirurgie de Montréal ;

" 2º Ils affirment au contraire, et ils tiennent à en faire la déclaration solennelle à Sa Grandeur Monseigneur l'Archevêque de Montréal, qu'ils ont toujours été prêts, et qu'ils sont encore prêts à accepter tout projet d'union qui soit légal et qui assure à l'Ecole son existence permanente."

VI

Depuis mon départ du Canada, il s'est élevé parmi les anciens Professeurs de la Faculté de Médecine de l'Université une opposition inquiète à certaines clauses d'un projet d'union définitive, actuellement à l'étude, que le Saint-Siège a trouvé possible et désirable en principe, et qu'il a renvoyé, pour la délimitation et la pratique des détails, à la prudence et à la sagesse des Évêques de la province ecclésiastique de Montréal.

Or, ces *opposants*, je suis heureux de le constater, affirment qu'ils ne sont pas *opposés* à l'idée de l'union elle-même ; loin de là ils semblent déplorer que le nouveau projet tende à détruire l'entente, signée le 20 septembre 1889 entre les deux corps enseignants. Voici ce qu'ils disent dans une lettre à Monseigneur l'Archevêque de Montréal, en date du 17 avril 1890 :

" Cependant les Professeurs de la Faculté médicale de l'Université ne sont pas hostiles à toute idée d'union ; ils sont disposés à ouvrir leurs rangs et à recevoir chez eux les Professeurs de l'Ecole, pourvu que... c'est elle (la Charte de l'Ecole) qui a empêché l'union l'automne dernier, et tant qu'elle continuera à exister, elle constituera toujours un danger et une menace pour l'Université." (Voir documeut N° **XLV**.)

VII

" Alors, objectera-t-on, puisque tout le monde à peu près, désire l'union, comment expliquez-vous qu'elle ne soit pas déjà, depuis longtemps, faite entièrement? "

Ah ! c'est que, comme dit le poète latin, *trahit sua quemque voluptas*, chacun la voudrait à sa manière. Pour bien me faire comprendre, il me suffira de citer deux exemples.

Les membres dissidents de l'Ecole de Médecine veulent conserver leur Charte à tout prix ! Depuis 1877, l'Ecole n'a cessé de déclarer qu'elle

était prête à accepter une union, pourvu que sa
Charte, son autonomie et ses privilèges soient
conservés, non seulement pendant un temps,
mais d'une manière permanente... En conséquence les trois médecins ci-dessus nommés
déclarent à Votre Grandeur qu'ils ont toujours
été prêts, et qu'ils le sont encore, à accepter une
union qui assure à l'Ecole de Médecine la conservation, non seulement temporaire, mais indéfinie de sa Charte, de son autonomie et de ses
privilèges." (Voir document N° VIII.)

Des Professeurs opposants de la Succursale ne
veulent de cette Charte à aucun prix. " Cependant les Professeurs de la Faculté médicale de
l'Université... sont disposés à ouvrir leurs rangs
et à recevoir chez eux les Professeurs de l'Ecole,
pourvu que... surtout la Charte de l'Ecole disparaisse pour toujours. L'existence de cette Charte
a été la cause de toutes les difficultés qui sont
survenues entre l'Ecole et l'Université Laval ;
c'est elle qui a empêché le fonctionnement de la
Faculté telle qu'organisée par le regretté Mgr
Conroy ; c'est elle qui a empêché l'union l'au-

tomne dernier, et tant qu'elle continuera à exister, elle constituera toujours un danger et une menace pour l'Université." (Voir document N̊ XLV, XLVI et XLVII.)

Entre ces deux extrêmes, selon l'intensité et la couleur des intérêts, des espérances ou des antipathies, on trouve des nuances d'opinion à à tous les degrés.

VIII

Dans ce chaos d'aspirations diverses, pour produire la lumière, pour créer et établir l'ordre, pour concilier les esprits, pour attirer les volontés vers un même but, pour désigner un terrain commun où tous les intérêts peuvent raisonnablement se rencontrer, il faudrait qu'il y eût, sur les lieux, connaissant à fond tous les détails de la question ainsi que toutes les sensibilités des susceptibilités locales, une haute et grande influence morale, calme, désintéressée, acceptée de tous, qui parlerait et agirait *tanquam potestatem habens*.

Or, quelle sera cette haute influence ?

IX

Le Séminaire de Québec ?

Non.

Il est censé être partie dans la question, et il a été trop activement mêlé dans les luttes du passé.

X

Le Conseil Universitaire ?

Non.

Quelque grave, quelque digne qu'il puisse être, et quelque impartial qu'il veuille bien se montrer, il existe encore contre lui, quoique la Constitution *Jam dudum* soit venue établir pour l'avenir une base indubitable à la confiance; trop de préjugés dans le district de Montréal. La question n'est pas de savoir si c'est à tort, ou à raison. Le fait existe. Quand il s'agit d'accomplir une grande œuvre, toutes les fois qu'il n'y a pas un mal réel à le faire, il faut bien prendre les hommes comme ils sont. Les courants d'opinion changent petit à petit ; mais on ne les voit pas, généralement, se détourner, d'aval en amont, en un clin d'œil, du jour au lendemain.

Si l'on veut un écho du sentiment d'un trop grand nombre, qu'on lise les paroles suivantes : " C'est le Conseil de l'Université Laval qui a toujours refusé d'accorder à l'Ecole les conditions raisonnables... Si l'Union n'a pu être effectuée jusqu'à ce jour, c'est dû aux exigences injustes et partiales de l'Université Laval... Cette union n'a pu être effectuée parce que l'Université Laval a toujours voulu enlever à l'Ecole de Médecine sa belle position et ses grands hôpitaux, ... (Voir document N° VIII).

Je ne tairai pas les remarques que, l'été dernier, j'entendais faire presque chaque jour. " Le Recteur de l'Université Laval ne se gêne pas de dire que l'Université est venue enseigner à Montréal malgré elle, que Rome l'y a forcée, que la Succursale lui a été imposée ; que, pour lui personnellement, il ne désire rien tant que de l'abandonner, qu'il a fait dans ce sens des démarches auprès du Saint-Père; que, tout en acceptant avec respect la Constitution *Jam dudum*, il est mécontent de la manière dont elle a été accordée, qu'elle détruit en grande partie, sans qu'on ait daigné lui demander son consentement, les conditions qui avaient été posées lorsque l'Université avait concédé la Succursale à Montréal, qu'il n'a aucune confiance dans son efficacité, etc. Dans de pareilles dispositions d'esprit, me disait-on, comment pouvons-nous compter à Montréal sur le zèle du Recteur, du Président du Conseil Universitaire, pour promouvoir les intérêts du siège montréalais de l'Université, pour protéger et développer ses besoins locaux, pour aplanir avec bonté et patience les mille difficultés d'une situation délicate et tendue ?"

XI

Alors, quelle sera donc cette haute influence morale ?

D'après moi, l'épiscopat de la province ecclésiastique de Montréal : pourvu que, officiellement et ostensiblement, il soit placé, par qui de droit, sur des hauteurs si sereines, dans une position si indépendante, qu'on ne puisse, même chez les plus soupçonneux, suspecter sa complète liberté d'action.

L'épiscopat chez nous, malgré nos misères, est encore respecté. Il a fait la nation, il a protégé toutes nos libertés religieuses et civiles, et le peuple le sait. Son caractère le met au-dessus des luttes de parti ; et son intérêt est de rendre justice à tous les droits, à toutes les aspirations légitimes qui font appel à son impartialité. On accepte volontiers, en général, sa mission de diriger dans toutes les matières qui touchent à la foi et aux mœurs ; et, dans le cas présent, selon ma manière de voir, il est le seul modérateur qui soit acceptable à tous.

XII

J'irai plus loin, toutes nos autres difficultés ne trouveront de solution véritable et durable que dans l'action supérieure, libre, indépendante et efficace de l'épiscopat. En dehors de là, il n'y aura que des triomphes momentanés, des victoires plus désastreuses que des défaites, et des luttes toujours renaissantes, luttes d'autant plus déplorables que des prêtres et de puissantes institutions ecclésiastiques y sont mêlés.

Du reste, c'est ce qu'a proclamé hautement, en principe, la Constitution *Jam dudum ;* il ne s'agit plus que de l'appliquer en pratique, selon le besoin des temps et des lieux, et d'empêcher que cette admirable disposition ne devienne lettre morte. Voici les paroles du document pontifical lui-même :

" Les Evêques des deux provinces de Québec et de Montréal se réuniront tous les ans pour prendre connaissance de l'enseignement et de la discipline de l'Université, et ils détermineront d'un commun accord tout ce qui sera jugé nécessaire suivant le temps et les circonstances. Nous avons la pleine confiance que, grâce à leur prudence, les moindres germes de désaccord qui se produiront seront immédiatement arrachés et que l'Université fleurira en méritant constamment de nouvelles louanges."

J'ai cité la traduction qu'on lit dans " l'annuaire de l'Université Laval pour l'année académique 1889-90." Le texte latin me paraît encore plus fort, plus explicite ; car il dit : *iidemque omnia quæ eadem super re ratione temporis statuere necesse sit communi consensu decernant.* Ainsi les Evêques ont le pouvoir non-seulement de déterminer, *decernere,* mais encore de décréter, de statuer, *statuere,* et cela avec la latitude qui est laissée à leur prudence de juger eux-mêmes ce que demandent les nécessités des temps, *temporis... necesse sit.*

XIII

Je termine.

Déjà, par une lettre de l'Eminentissime Préfet de la Sacrée Congrégation de la Propagande, en date du 9 février 1890, il a été remis aux soins de l'Archevêque et des Evêques de la province de Montréal, de prendre avec l'Ecole de Médecine et de Chirurgie de Montréal, des arrangements sur les bases que sont venus exposer auprès du Saint-Siège l'abbé J. B. Proulx, Vice-Recteur de l'Université Laval à Montréal, et le Docteur L Ed. Desjardins, délégué de l'Ecole de Médecine, pourvu que l'on sauvegarde les droits de l'Université et les prescriptions des décrets apostoliques.

De plus, aujourd'hui, je demande humblement, mais instamment, qu'on veuille bien écrire aux mêmes dits Archevêque et Evêques, de la part de Notre Très Saint-Père le Pape, faisant appel à leur prudence, à leur discernement et à leur autorité, afin que tous, au Canada, sachent bien qu'il leur appartient, par une mission spéciale, de prendre les moyens de régler cette question, de lever les obstacles, d'apaiser les esprits, de demander des sacrifices convenables, et d'amener entre les deux Ecoles de Médecine une union juste et équitable. (1)

Cette lettre, si on juge à propos de l'accorder à ma demande, je la considérerai comme une réponse au paragraphe N° 3 de ma lettre de de délégation (voir document N° I), lequel, dans mon estimation, n'a en vue que les exigeances évidemment déraisonnables, de quelque part qu'elles viennent. De par nature, comme par caractère, Monseigneur l'Archevêque de Montréal, dont la devise est *in fide et lenitate*, est porté à avoir recours, avant tout, aux moyens de douceur et de mansuétude ; même, à l'exemple de ce grand homme de votre Rome antique, je puis dire qu'il pousse la miséricorde *usque ad pœnitentiam*. Du reste, le doux Sau-

_____

(1) Pour la réponse à ce mémoire, voir le document N° LIV. (Note de l'édition montréalaise.)

veur n'a-t-il pas dit : *Beati mites, quoniam ipsi possidebunt terram ?*

Dans cette espérance, que la douceur, unie à la force, *suaviter et fortiter*, seront l'une et l'autre l'huile et le baume qui cicatriseront les blessures du passé, je demeure avec les sentiments

De la vénération la plus profonde,

De Votre Eminence,

Eminentissime Seigneur,

Le très humble et très obéissant serviteur.

J. B. PROULX, *Ptre*,

Vice-Recteur de l'U. L. M.

Villa della Presentazione,
13, via Milazzo, Roma.

DOCUMENTS

AUXQUELS IL EST RÉFÉRÉ DANS LES QUATRE MÉMOIRES PRÉCÉDENTS.

DOCUMENT Nº I

—

MONTRÉAL, 7 *janvier* 1890.

A Son Eminence le Cardinal Simeoni—Rome.

EMINENTISSIME SEIGNEUR,

Par suite des circonstances dans lesquelles nous nous trouvons actuellement à Montréal, au sujet de notre Université, j'ai cru devoir charger Monsieur J. B. Proulx, Vice-Recteur à Montréal, et porteur de la présente lettre, de se rendre à Rome, pour faire connaître exactement la situation. Ce monsieur a pour mission d'exposer, entre autres choses, à Notre Saint-Père le Pape et aux Eminentissimes Cardinaux :

1º Les détails d'un projet d'union entre l'Ecole de Médecine et de Chirurgie de Montréal et la Faculté de Médecine de l'Université Laval à Montréal ;

2° L'opportunité qu'il pourrait y avoir d'admettre à de certaines conditions, dans l'Université la dite Ecole, avec sa Charte dûment amendée ;

3° Les mesures qu'il conviendrait de prendre, si, par le mauvais vouloir ou les exigences exagérées des membres de l'Ecole, cette union venait à manquer, la Faculté de Médecine de l'Université ayant été établie en conformité avec les décrets apostoliques ;

4° Les moyens à prendre pour créer des ressources pécuniaires, sans lesquelles il est impossible à la Succursale de se maintenir.

L'entière confiance que j'ai en Monsieur J. B. Proulx me fait espérer qu'il traitera ces différents points de manière à procurer le bien de la religion et celui de notre Université ; et c'est pour cela que je prends la respectueuse liberté de le recommander d'une manière toute particulière aux bontés de Votre Eminençe.

Daignez agréer, Eminentissime Seigneur, l'hommage du plus profond respect de

Votre très humble serviteur,

† EDOUARD CH., *Archev. de Montréal.*

. Je concours pleinement dans la présente démarche de Mgr l'Archevêque de Montréal auprès du Saint-Siège.

7 janvier 1890.

† L. Z., *Evêque de St-Hyacinthe.*

Je concours dans la présente démarche de Mgr l'Archevêque de Montréal auprès du Saint-Siège.

8 janvier 1890.

† ANTOINE, *Evêque de Sherbrooke.*

DOCUMENT N° II

Séminaire de Québec, 29 juillet 1889.

Monsieur l'abbé J. B. Proulx, Vice-Recteur de l'Université Laval à Montréal.

Monsieur le Vice-Recteur,

J'ai l'honneur et le plaisir de vous annoncer que, le 27 du courant, le Conseil de l'Université Laval vous a nommé Vice-Recteur de l'Université Laval à Montréal.

Je vous offre mes sincères et vives félicitations, J'espère que nos rapports seront toujours agréables, et que, sous votre habile direction, la Succursale de l'Université Laval prendra de nouveaux et heureux accroissements. De mon côté, je ferai tout ce qui est en mon pouvoir pour vous rendre votre besogne aussi facile que possible.

Veuillez me croire, Monsieur le Vice-Recteur,

Votre très humble et très dévoué serviteur.

BENJ. PAQUET,
Recteur de l'Université Laval.

DOCUMENT N° III

———

20 septembre 1889.—En vertu d'une entente à l'amiable entre la Faculté de Médecine de l'Université Laval à Montréal, et l'Ecole de Médecine et de Chirurgie de Montréal, les membres de l'Ecole de Médecine et de Chirurgie de Montréal consentent à devenir professeurs titulaires de la Faculté de Médecine de l'Université Laval à Montréal et à fonctionner comme tels suivant les règlements universitaires, à la condition que, d'ici à deux ans, ils auront à se décider d'une manière définitive, s'ils doivent rester avec Laval ou s'en séparer.

L'ordre de préséance entre les professeurs titulaires de la Faculté de Médecine de l'Université Laval à Montréal, sera déterminé par l'ancienneté dans la profession, et en cas d'égalité, par l'ancienneté d'âge.

Etaient présents : pour la Faculté de Médecine Laval, les docteurs : Jean Philippe Rottot, Adolphe Dagenais, Alfred Brosseau ; et pour l'Ecole de Médecine et de Chirurgie, les docteurs : Ths. E. d'Odet d'Orsonnens, William H. Hingston, L. E. Desjardins.

DOCUMENT N° IV

———

A Mgr Paquet, Recteur de l'Université Laval.

QUÉBEC, 25 septembre 1889.

MONSEIGNEUR,

J'ai l'honneur de soumettre à votre haute approbation : 1° La copie d'un *modus vivendi* auquel sont arrivés, après bien des pourparlers, la Faculté de Médecine de l'Université Laval à Montréal et les membres de l'Ecole de Médecine et de Chirurgie de Montréal.—2° Un extrait d'un procès-verbal d'une séance de la Faculté de Médecine de l'Université Laval à Montréal, recommandant au Conseil Universitaire la nomination d'un certain nombre de professeurs, etc.—3° Une lettre des deux Comités de la Faculté de Médecine de Laval, et de l'Ecole de Médecine et de Chirurgie de Montréal, me demandant d'ajouter à la liste des médecins, pour lesquels on demande un titre de professeur, le nom de l'hon. A. H. Paquet, M. D., Sénateur, ce que je fais volontiers dans la mesure de mes pouvoirs ; et je suggère de nommer ce Monsieur à la Chaire de Clinique de Gynécologie...

En approuvant cette entente, vous donnerez à nous, diocésains de Montréal, la paix et l'union, en même temps qu'à votre Succursale, la stabilité et la prospérité. Espérant une réponse favorable, je demeure avec la plus haute considération, votre tout dévoué serviteur.

J. B. PROULX,

Vice-Recteur à Montréal.

DOCUMENT N° V

Extrait des Registres du Conseil Universitaire, en date du 30 septembre 1889.

Proposé par l'hon. F. Langelier, et résolu que ce Conseil accepte la première partie du projet d'entente entre la Faculté de Médecine de l'Université Laval à Montréal et l'Ecole de Médecine et de Chirurgie de Montréal, qui se lit comme suit : " Les " membres de l'Ecole de Médecine et de Chirurgie " de Montréal consentent à devenir professeurs " titulaires de la Faculté de Médecine de l'Université " Laval à Montréal et à fonctionner comme tels, " suivant les règlements universitaires, à la condi-" tion que, d'ici à deux ans, ils auront à décider, " d'une manière définitive, s'ils doivent rester avec " Laval ou s'en séparer. "

Relativement à la seconde partie de ce projet qui dit : "L'ordre de préséance entre les professeurs titu-" laires de la Faculté de Médecine de l'Université " Laval à Montréal sera déterminé par l'ancienneté

" dans la profession, et en cas d'égalité, par l'an-
" cienneté d'âge, " M. Hamel propose et il est résolu
que le Conseil Universitaire consent à l'ordre de
préséance demandé, pourvu que les professeurs actuels à Montréal lui permettent de l'observer, en
donnant leur résignation comme professeurs.

Le Conseil a accepté ensuite la résignation du Dr
E. P. Lachapelle.

J. C. K. LAFLAMME,
Secrét. de l'Univ. Laval, Québec.

DOCUMENT N° VI

Extrait du registre de la Faculté de Médecine de
l'Université Laval à Montréal, en date du 1er octobre 1889.

Il est résolu à la majorité des voix :

1° Que la Faculté recommande au Conseil Universitaire d'opérer les changements suivants dans la
distribution des chaires :

Le Dr A. Lamarche, à la chaire de Tocologie, en
remplacement du Dr A. Dagenais, celui-ci restant
titulaire du Cours de Clinique de Tocologie.

2° Que la Faculté recommande au Conseil Universitaire, de nommer professeurs titulaires MM. Ths
E. d'Odet d'Orsonnens à la Chaire de la Clinique des
maladies des vieillards ;

W. H. Hingston à la Chaire de Clinique chirurgicale, en remplacement du Dr A. Brodeur ;

B. L. Durocher, à la Chaire de Médecine légale, en remplacement du Dr E. P. Lachapelle, qui a résigné ;

L. A. S. Brunelle, à la Chaire de Médecine opératoire pratique ;

L. E. Desjardins, à la Chaire de Clinique ophtalmologique, en remplacement du Dr A. A. Foucher, qui reste titulaire du cours d'Ophtalmologie ;

L. D. Mignault, à la Chaire de Pathologie générale ;

J. P. Chartrand, à la Chaire d'Anatomie pratique ;

L. A. Demers, à la Chaire de Pathologie interne, en remplacement du Dr J. P. Rottot, qui reste titulaire de la Clinique interne ;

E. A. Poitevin, à la Chaire d'Anatomie descriptive, en remplacement du Dr A. Lamarche ;

J. J. Guerin, à la Chaire de Gynécologie ;

A. H. Paquet, à la Chaire de Clinique de Gynécologie, en remplacement du Dr A. Brodeur.

H. E. DESROSIERS,
Sec. *pro temp.*

DOCUMENT N° VII

Extrait du registre des délibérations du Conseil Universitaire, en date du 5 octobre 1889.

" M. le Dr Lemieux propose, et il est résolu que les nominations des nouveaux professeurs, mentionnées dans l'Extrait des registres de la Faculté de Médecine de l'Université Laval à Montréal, en date du 1er octobre 1889, soient définitivement adoptées par le Conseil Universitaire, dans l'ordre indiqué par ce document lui-même, et que la nouvelle distribution des Chaires, indiquée dans le même document, soit aussi adoptée."

Pour copie conforme,

J. C. K. LAFLAMME,
Secrétaire.

DOCUMENT N° VIII

L'an mil huit cent quatre-vingt-neuf, le dix-neuvième jour de novembre, à la réquisition de Louis Benjamin Durocher, L. A. S. Brunelle et E. A. Poitevin, tous trois médecins de la cité et du district de Montréal et membres titulaires de l'École de Médecine et de Chirurgie de Montréal ;

Je soussigné, Amable Archambault, Notaire public pratiquant à Montréal, me suis transporté auprès de Sa Grandeur Monseigneur Edouard Charles Fabre, Archevêque de Montréal, dans son palais épiscopal, où, étant et parlant à lui-même en personne, j'ai dit et déclaré ce qui suit :

Les trois médecins ci-dessus nommés, en leur qualité de membres de l'Ecole de Médecine et de Chirurgie de Montréal, m'ont requis de recevoir dans mes minutes, les déclarations suivantes, savoir :

1° Les trois membres ci-dessus nommés de l'Ecole de Médecine et de Chirurgie de Montréal opposent leur dénégation la plus formelle aux bruits qui circulent et qu'on cherche à répandre, disant qu'ils sont opposés à toute union entre la Succursale de l'Université Laval à Montréal et l'Ecole de Médecine et de Chirurgie de Montréal.

2° Ils affirment au contraire, et ils tiennent à en faire la déclaration solennelle à Sa Grandeur Mgr l'Archevêque de Montréal, qu'ils ont toujours été prêts et qu'ils sont encore prêts à faire honneur aux promesses qu'ils ont faites dans le passé, et à accepter tout projet d'union qui soit légal et qui assure à l'Ecole son existence permanente.

3° Depuis 1877, l'Ecole n'a cessé de déclarer qu'elle était prête à accepter une union, pourvu que sa Charte, son autonomie et ses privilèges soient conservés, non seulement pendant un temps, mais d'une manière permanente.

4° C'est le Conseil de l'Université Laval qui a toujours refusé d'accorder à l'Ecole ces conditions raisonnables, bien qu'il eût accordé des conditions à peu près semblables au Séminaire de St-Sulpice devenant la Faculté de théologie de cette Université.

5° Si l'Union n'a pu être effectuée jusqu'à ce jour, c'est dû aux exigences injustes et partiales de l'Université Laval. L'Ecole ne demande que ce qui avait été accordé aux autres, et conséquemment ce qu'elle avait droit d'avoir.

6° C'est alors qu'a commencé cette guerre contre l'Ecole de Médecine, guerre dont le but était la disparition forcée de cette Ecole.

7° Comme on ne pouvait détruire l'Ecole de Médecine qu'en lui enlevant ses hôpitaux, et comme on ne pouvait lui enlever ses hôpitaux qu'en la déclarant rebelle à l'Eglise, on a été jusqu'à déclarer rebelle à l'Eglise, une Ecole qui n'avait cessé d'être catholique et d'en donner les preuves, et dont le seul tort était de ne pas vouloir mourir pour faire bénéficier de sa mort une institution rivale.

8° L'Ecole, forte dans son droit et sachant que l'Eglise ne peut vouloir une telle injustice, a résisté à toutes les tentatives faites pour amener sa destruction.—Sa cause soumise à Rome a été maintenue. Un délégué apostolique, envoyé spécialement par Rome, a ainsi défini le juste droit de l'Eglise dans la matière : "Le Saint-Siège ne veut ni ne peut détruire des " institutions civilement reconnues et qui ne sont pas " mauvaises en elles-mêmes. L'Ecole de Médecine " est dans ce cas. Le décret de février 1883 ne doit " pas être interprété comme voulant la destruction de cette Ecole."

9° Le décret de février 1883 est le seul décret rendu par Rome, qui pourrait avoir une portée quelconque contre l'Ecole de Médecine, et le seul qu'on ait interprété, au Canada, comme ordonnant une flagrante injustice, savoir la destruction de l'Ecole.

10° Cette question de savoir si l'Ecole devait être détruite ou si elle pouvait continuer d'exister comme Ecole et de conserver ses hôpitaux, a été jugée d'une manière finale par le Saint-Siège, dans l'audience du 14 août 1884. Cette décision, transmise par le Cardinal Simeoni le 23 août 1884, est le dernier document venant de Rome, concernant l'Ecole de Médecine, et est encore aujourd'hui la décision finale de l'Eglise sur la question de l'existence de l'Ecole de Médecine.

11° Cette décision est comme suit: "Que l'Emi- " nentissime Préfet dise à l'Archevêque de Québec et " écrive à l'Evêque de Montréal que, vu les circons- " tances actuelles, ils laissent l'Ecole de Médecine " catholique et ses hôpitaux dans le *statu quo.*" La même lettre dit: "La susdite résolution a été approu- " vée dans toutes ses parties par le Saint-Père dans " l'audience du quatorze courant." Le délégué apos- tolique est "chargé de donner communication de " suite à tous les évêques de la province, afin qu'ils " se conforment aux prescriptions qui y sont conte- nues."

12° Le Saint-Siège dans cette décision déplore que l'union n'ait pu être effectuée entre l'Ecole de Méde- cine et l'Université Laval. Cette union n'a pu être effectuée, parce que l'Université Laval a toujours voulu enlever à l'Ecole de Médecine sa belle position et ses grands hôpitaux, et a toujours refusé de lui laisser, d'une manière permanente, sa Charte et ses privilèges.

13° Cinq années de paix ont suivi la décision du Saint-Père; l'Ecole de Médecine a grandi, le nombre de ses élèves a doublé.

14° Aujourd'hui la même lutte recommence et les mêmes tentatives se répètent dans le but d'anéantir le nom, la Charte et les privilèges de l'Ecole de Médecine, dans un avenir plus ou moins éloigné, et aussi dans le but très apparent de lui ravir injustement ses dispensaires.

15° La Constitution apostolique *Jam dudum* a pour objet de donner certains pouvoirs spéciaux à la Succursale de l'Université Laval, savoir, à la Succursale telle que constituée, et telle qu'elle a existé à Montréal depuis plusieurs années. Il n'est pas du tout question, dans ce document pontifical, de l'Ecole de Médecine, ni de ses hôpitaux, et conséquemment, ce document ne change aucunement sa position antérieure.

16° Les médecins ci-dessus nommés, pas plus aujourd'hui qu'autrefois, ne peuvent consentir à laisser dépouiller leur Ecole, et ils prendront, pour maintenir les droits de cette dernière, tous les recours légitimes qu'ils pourront avoir.

En conséquence, les trois médecins ci-dessus nommés déclarent à Votre Grandeur qu'ils ont toujours été prêts et qu'ils le sont encore, à accepter une union qui assure à l'Ecole de Médecine la conservation non seulement temporaire, mais indéfinie de sa Charte, de son autonomie et de ses privilèges ; mais qu'ils ne peuvent accepter les conditions de l'union actuelle, attendu que, par cette union, on veut arriver et on arrivera certainement, d'une manière détournée, à une chose que le "Saint-Siège ne veut ni ne peut exiger," savoir, à la destruction et à la disparition de l'Ecole de Médecine et de Chirurgie de Montréal.

C'est pourquoi, je, dit Notaire, à la réquisition susdite, ai interpellé Sa Grandeur Mgr Edouard Charles Fabre, Archevêque de Montréal, et lui ai fait, pour éviter tout malentendu, toutes les déclarations ci-dessus, déclarant et protestant en outre pour tout ce qu'on doit déclarer et protester en pareil cas.

Fait, notifié, et protesté aux lieu, jour, mois et an ci-dessus mentionnées, sous le numéro dix mille neuf cent trente-trois des minutes de mon répertoire. Et j'ai laissé une copie authentique des présentes à Sa Grandeur, parlant, comme susdit, lui-même en personne, afin qu'il n'en puisse prétendre cause d'ignorance.

En foi de quoi j'ai signé les présentes pour le tout valoir que de droit.

(Signé.)   AM. ARCHAMBAULT, N. P.

Vraie copie de la minute des présentes demeure de record en mon étude.

AM. ARCHAMBAULT, N. P.

DOCUMENT N° IX

Il est résolu unanimement que les professeurs de l'Ecole de Médecine et de Chirurgie de Montréal et ceux de la Faculté de Médecine de l'Université Laval à Montréal, signataires de l'union, s'engagent à prendre lé Pape pour arbitre des difficultés qui ont empêché jusqu'ici l'union définitive des deux Ecoles, et à s'en rapporter à sa décision ;

Que chaque Corps, pour faire valoir ses droits acquis, fera son mémoire, ou les deux Corps feront un mémoire en commun, lequel ou lesquels seront envoyés à cour de Rome.

Et qu'en attendant, l'union entre les deux Institutions continuera avec cette modification, que les cours seront donnés par les deux Institutions dans leurs salles respectives, que le Dr Rottot donnera les Cliniques à l'Hôtel-Dieu, et que les élèves des deux facultés seront admis sur le même pied dans tous les hôpitaux. Présents : Docteurs : D'ORSONNENS

ROTTOT	HINGSTON	LACHAPELLE	DEMERS
MIGNAULT	FAFARD	DESROSIERS	CHARTRAND
GUERIN	FOUCHER	BROSSEAU	DAGENAIS
DUVAL	LARAMÉE		

DOCUMENT N° X

Si les trois médecins dissidents, MM. L. B. Durocher, J. A. S. Brunelle et E. A. Poitevin veulent accepter le *modus vivendi*, consenti par la majorité de leurs collègues de l'Ecole de Médecine et de Chirurgie de Montréal et par la totalité des membres de la Faculté de Médecine de l'Université Laval à Montréal, dans le but d'amener la paix dans les études universitaires catholiques à Montréal, et aussi dans le dessein d'exécuter au milieu de nous les décrets et les désirs du Saint-Siège, je n'ai aucune opposition, comme Vice-Recteur de l'Université Laval à Montréal, à ce qu'on étudie, d'un commun accord, s'il n'y aurait pas moyen de mettre à la base de la Faculté de Médecine de la Succursale de l'Université Laval à Montréal, la Charte de l'Ecole de Médecine et de Chirurgie de Montréal, pourvu que :

1° Les membres de l'Ecole de Médecine et de Chirurgie de Montréal consentent à faire amender leur Charte de manière à rencontrer les prescriptions des décrets apostoliques ;

2° Que cette Charte ne constitue pas, dans la faculté de la Succursale de l'Université Laval à Montréal, un gouvernement dans un gouvernement ;

3° Que tous les droits acquis de tous les membres actuels, tant de l'Ecole de Médecine et de Chirurgie de Montréal, que de la Faculté de Médecine de l'Université Laval à Montréal, soient sauvegardés ;

4° Qu'aucun bill, à l'effet d'amender la dite Charte, ne soit présenté à la législature de la Province de Québec, avant d'avoir été soumis aux autorités ecclésiastiques de Rome, et avant d'en avoir obtenu l'approbation.

Montréal, 17 novembre 1889.

J. B. PROULX, *Ptre.*

Vu et approuvé.

† ED. CH., *Archevêque de Montréal.*

DOCUMENT N° XI

Québec, 29 août 1889.

Monsieur le Vice-Recteur,

J'ai l'honneur d'accuser réception de votre lettre datée du 27 du courant, dans laquelle vous me demandez si, lors de votre nomination comme Vice-Recteur de l'Université Laval à Montréal, le Séminaire, de Québec a renoncé à l'administration financière de la Succursale, et si vous pouvez prendre possession de la maison et de la bibliothèque, à l'usage de l'Université à Montréal, afin de les administrer en son nom.

Par le fait de la nomination du nouveau Vice-Recteur, le Séminaire a abandonné l'administration financière de la Succursale, le jour même de cette nomination. Par conséquent, vous pouvez prendre possession de la maison et de tout ce qu'elle renferme, et administrer le tout au nom de la Succursale, ou de Mgr l'Archevêque de Montréal.

Il est bien entendu, toutefois, que la Succursale se trouve chargée des dettes contractées pour elle l'année dernière, et de ce que le Séminaire a dépensé pour la faire fonctionner pendant les années qu'il en a été l'administrateur financier.

J'aime à vous répéter ici ce que je vous ai dit hier au sujet des messes, à savoir, que l'Indult accordé par le Saint-Siège, cette année, est tout en faveur de

Québec, et que Montréal ne percevra rien en vertu de cet Indult.

Je vous souhaite tout le succès possible, et vous prie de me croire, M. le Vice-Recteur,

Votre très humble et très dévoué serviteur,

B. PAQUET, *Sup.*

DOCUMENT N° XII

ARCHEVÊCHÉ DE MONTRÉAL, août 1889.

Monsieur le VICE-RECTEUR,

Dans les circonstances actuelles, il est important d'avoir pour vous aider, le conseil de plusieurs personnes qui formeraient avec vous un Conseil pour régler les questions financières. Je vous conseille de demander dans ce but M. le Grand Vicaire Maréchal, le Dr Rottot et M. le juge Jetté.

Dans l'espoir que ces Messieurs accepteront,
Je demeure
Votre tout dévoué,

† EDOUARD CH., *Archevêque de Montréal.*

DOCUMENT N° XIII

MONTRÉAL, 14 août 1889.

MONSIEUR L'ABBÉ,

Vous m'avez présenté un résumé des comptes de la Succursale de l'Université Laval à Montréal pour l'année dernière, ainsi qu'une liste de réclamations que le Séminaire de Québec a contre la dite Succursale pour les années précédentes. J'ai cru devoir me déclarer incompétent, comme Vice-Recteur, à régler les uns et les autres.

Dans mon humble opinion, vu l'absence de tout Syndicat financier représentant la Succursale, c'est avec Sa Grandeur Monseigneur Edouard Ch. Fabre, Archevêque de Montréal, que le Séminaire de Québec doit traiter de ces questions pécuniaires ; or l'Archevêque de Montréal m'a nommé son procureur *ad hoc*. Vous vous êtes déclaré prêt à entrer en règlement de comptes avec Monseigneur l'Archevêque de Montréal. Pour être précis, avez-vous reçu du Séminaire de Québec les pouvoirs nécessaires pour régler de suite, définitivement, et ces comptes et ces réclamations ? Dans l'attente de votre réponse, croyez que je suis, avec une haute considération,

Votre tout dévoué seaviteur,

J. B. PROULX, *Prêtre.*

DOCUMENT N° XIV

———

MONTRÉAL, 14 août 1889.

MONSIEUR LE VICE-RECTEUR,

En réponse à votre lettre du présent jour, j'ai l'honneur de vous faire savoir que, comme délégué du Séminaire de Québec, et aussi en ma qualité de Président du Bureau d'administration du Syndicat financier de l'Université Laval à Montréal, j'ai tous les pouvoirs nécessaires pour régler d'une manière définitive, sur certaines bases, avec Monseigneur l'Archevêque de Montréal ou son Procureur, le bilan de la Succursale pour 1888-89, et les réclamations du Séminaire de Québec contre la Succursale pour les années précédentes.

Avec considération, votre bien dévoué serviteur,

J. E. MARCOUX.

DOCUMENT N° XV

—

UNIVERSITÉ LAVAL A MONTRÉAL.

Recettes 1888-89 AU 1ᵉʳ AOUT 1889.

Reçu des élèves en droit et en médecine		4256 00
Reçu du Gouvernement, Faculté de droit.......................................;		4000 00
Reçu du Gouvernement, Ecole Polytechnique............		5700 00
Messes de Montréal...............	5500 00	
Messes de St-Hyacinthe...............	1063 00	
Messes de Sherbrooke.................	100 00	6663 00
Séminaire de St-Sulpice, Faculté des arts............................		1581 50
Reçu du Gouvernement pour réparations............................		3998 13
Loyer Geoffrion......	550 00	
Loyer Robert...........................	83 31	633 31
Bois, charbon.........................		306 00
De l'Ecole Polytechnique...........		300 00
Remboursements divers.............		134 55
Syndicat		30 50
Brochure...............................		5 85
Dépôts...............		10 00
Escomptes (ce qu'ils ont rapporté).		7113 00
		$34731 84

Depenses 1888-89 AU 1er AOUT 1889.

Déficit au premier de juillet 1888.		1604 37
Réparations		6639 60
Professeurs en droit....................	2028 01	
Professeurs en médecine.............	4791 50	6819 51
Perrault et Mesnard...................		2061 75
Faculté des arts........................		1981 50
Dépenses de maison....................		1645 79
Voyage du juge Baby...................		2523 00
Intérêts Cherrier.......................		1000 00
Taxes des terrains.....................		635 04
Appariteur et gardien.................	803 48	
Appariteur et servantes..............	120 00	923 48
Appariteur de droit....................		270 00
Bois, charbon, chauffeur.............		599 82
Vice-Recteur et Secrétaire, honoraires et pension...................		510 00
Voyages, cochers, dépêches.........		390 90
Divers pour Faculté de médecine.		305 53
Sujets pour anatomie		269 50
Gaz et eau...............................		153 29
Annonces		105 00
Professeurs, Ecole Polytechnique.		6650 01
		$35088 10
Recettes......		34731 84
Déficit à la caisse		356 26

Charges de la Succursale au 1er aout 1889.

Escomptes : Billet endossé par Perrault et Mesnard..............	1000 00	
Escomptes : Billet endossé par Laurier, dû le 20 septembre...	800 00	
Escomptes : Billet endossé par Dr Lachapelle, dû le 13 octobre..	2000 00	
Escomptes : Billet endossé par Dr Rottot dû le 6 décembre.......	3500 00	7300 00
Dû à Perrault et Mesnard............		3000 00
Déficit à la caisse le 1 juillet 1889.		356 26
		10656 26

N.B.—Il reste un compte pendant, que je n'ai pu régler jusqu'à ce jour, mais qui ne dépasse pas ($200. 00) deux cents piastres.

DOCUMENT N° XVI

DOIT

LA SUCCURSALE DE MONTRÉAL AU SÉMINAIRE DE QUÉBEC

POUR DÉPENSES FAITES DEPUIS SON ORGANISATION JUSQU'A AOUT 1889

1877

Voyages de M. le Supéricur à Montréal.................	67 75	67 75

1878

Voyages de M. le Supérieur à Montréal	113	30	
Dépenses de M. le Supérieur	41	60	
Dépenses de M. Méthot, Vice-Recteur	74	00	
			228 90

1879

Câblegramme à Rome et copie de documents	20	77	
Brochure Chandonnet	150	00	
Pension, etc. de M. Méthot, Vice-Recteur	395	00	
Voyages de M. le Supérieur à Montréal	37	15	
Annonce et reliure	6	60	
Télégrammes	1	04	
Dépenses de M. le Supérieur à Montréal	15	75	
Dépenses de M. Th. Hamel, Vice-Recteur	275	92	
			902 23

1880

Pension et divers au Vice-Recteur	312	25	
Télégrammes	1	67	
Prêté à la faculté de M. pour Hôpital Notre-Dame, juillet 30	4000	00	
Intérêt simple au 30 juillet 1889	2138	30	
			6452 22

1881

Pension et divers au Vice-Recteur...	268	02
Télégrammes à Rome, Londres......	45	42
Abonn., impressions, annonces......	25	41
Bill : impres. trad. Coté et Cie sténographes........................	530	58
Impression des Plaidoyers............	296	66
Payé à M. Lacoste, avocat............	1080	00
Payé à MM. Casgrain, Angers, etc..	360	00
Voyage de M. Th. Hamel à Rome...	1088	00

3694 09

1882

Payé divers au Vice-Recteur.........	179	88
Annonces et journaux..................	7	70
M. Lacoste au Conseil privé..........	432	55
Voyages.........	18	06

638 19

1883

Divers au Vice-Recteur...............	183	65
Télégrammes.........................	70	64
Voyages..............................	16	60

270 89

1884 (à octobre)

Voyages.............	60	32
Divers au Vice-Recteur............	251	42
Voyage de M. L. N. Bégin à Rome.	638	87
Impressions..........................	30	00

980 61

1884 (depuis octobre)

Payé à M. L. N. Bégin à Rome........	223 00	
Reliure...........	23 50	
Télégrammes	9 70	
Divers............	20 88	
	———	277 08

1885

Payé au Vice-Recteur	60 50	
Payé à divers...........................	13 43	
Voyages du Supérieur, etc............	18 85	
	———	92 48

1886

Payé au Vice-Recteur...................	280 47	
Voyage de Mgr Paquet à Rome......	357 93	
Divers..........	5 85	
Annuaires...........	114 20	
Annonces...........................	12 56	
	———	771 01

1887

Impressions..........................	22 50	
Frais du Bill du Syndicat...........	43 08	
Concours des Plans	963 90	
Voyages...........................	33 20	
Annuaires.	121 40	
Télégrammes......................	28 60	
Divers...........................	16 60	
	———	1229 28

1888-89

Voyage de Mgr Paquet à Rome......1099 66
Divers voyages à Montréal............ 21 60

                                         1121 26

                                 $16725 99

Prêté pour réparations, etc., Facultés de Droit et de Médecine,
dont intérêt au dix-neuf juin
1889 a été payé par l'Arche-
vêque de Québec................... 3231 88

                 Total $19957 87

Reçu par messes :
    de St-Hyacinthe en 1885.........1400 00
                en 1886........1080 00
                en 1887.........1262 00
    de Sherbrooke en 1885......... 160 00
                en 1886......... 220 00
                en 1887......... 200 00

                                 4322 00

Reste dû par l'Archidiocèse de Montréal...

                                 $15635 87

On ne tient pas compte :
    1° des honoraires du Vice-Recteur
        payés par le Séminaire de Qué-
        bec, de 1877 à 1884—7 ans...... 840 00
    2° des frais d'annuaires pendant
        7 ans.............................. 700 00
    3° de l'intérêt des déboursés faits
        par le Séminaire de Québec....3164 74

                               $4704 74

DOCUMENT N° XVII

BUREAU D'ENREGISTREMENT DE LA DIVISION DE MONTREAL–EST

Je, soussigné, certifie par les présentes que le *Tableau* ci-après est véritablement un abrégé ou Sommaire des documents entrés et enregistrés dans ce Bureau, dans lesquels, le " Séminaire des Missions étrangères de Québec " *alias* " Le Séminaire de Québec " est directement concerné soit comme donataire, vendeur ou acquéreur, jusqu'à ce jourd'hui. Savoir :—

TABLEAU

Indiquant sommairement les Transactions du "Séminaire de Québec"

Mois	Jour	An	TITRE	Donateur ou Vendeur	Acquéreur	N° d'Enregistrement	N° Officiel	Quartier	PRIX
Sept.	12	1882	Vente	Côme S. Cherrier	à "Le Sém. de Québ."	9.395	PSO 432	St-Jac.	$50.000.00
Oct.	7	1885	"	"Le Sém. de Québec"	à Magloire Larue	14.989	432-1-2 / 432-2-1	"	$2.916.00
"	29	"	"	Le même	à A. Archambault	21.067	432-2-2 / 432-0-3	"	4.114.00
Nov.	2	"	"	Le même	à Atala Leclerc	19.737	432-4	"	2.160.00
Déc.	15	"	"	Le même	à Jos. K. Morin	20.021	432-5	"	2.160. 0
Oct.	29	"	"	Le même	à Jos. Paquette	19.859	432-6	"	2.160.00
"	"	"	"	Le même	à D.B.dit Pomminville	19.736	482-7	"	2.160 0
"	"	"	"	Le même	à Mad. J. B. Vallée	19.735	432-8	"	2.160 0
Déc.	22	"	"	Le même	à Is. Préfontaine	21.879	432-9-10	"	4.320. 0
Oct.	29	"	"	Le même	à Jos. G. Laviolette	20.629	432-11	"	2.160. 0
"	"	"	"	Le même	à Jos. Mélançon	20.630	432-12	"	2.160.00

Oct. 29 1885	Vente	"Le Sém. de Québec" à A. R. Marsolais	20.628	432-13	St-Jac.	2.160.00
" " "	"	Le même à Elise Hudon	19.862	432-14	"	2.160.00
Sept. 25 "	"	Le même à Nap. Préfontaine	19.422	P. 432-15	"	1.350.00
Janv. 30 1888	"	Le même à Mess. V. Rousselot p.	24.017	P. 432-15 / 432-16	"	1.116.00
Sept. 23 1887	"	Le même à Is. Préfontaine	19.423	P. 432-16	"	1.350.00
Oct. 29 "	"	Le même à Mess. V. Rousselot p.	24.016	432-17-18	"	4.320.00
Nov. 5 1885	"	Le même à Le même	15.152	432-19 à 30	"	35.100.00
						$74.026.00
Nov. 5 1885	Vente	Les D^{elles} Cherrier à "Le Sém. de Québ."	15.169	1199	St-Jac.	$50.000.00

(N. B.—Ce lot est maintenant subdivisé en 38 lots de Ville)

" 11 "	Vente	A. M. Foster à Le même	15.173	PSO 1196 / 1195	* "	10.000.00
" 5 "	"	Mad. Kérouac à Le même	15.163	P. 1197	'	10.033.00
						$70.033.00

* **N. B.**—Par acte d'" Agréement " entre A. M. Foster et le " Séminaire de Québec " Il appert qu'une correction a été faite dans la désignation de l'immeuble vendu par le présent acte (Contrat de Vente du 11 novembre 1885) en ce que le lot No 1197 a été substitué au No 1195 qui y était erronément mentionné.

Tout ce dont je donne Certificat à tous intéressés.
Fait à Montréal, Province de Québec, Canada, ce huitième jour du mois de janvier A. D. mil huit cent quatre vingt-dix.

J. C. Auger, *Régistrateur.*

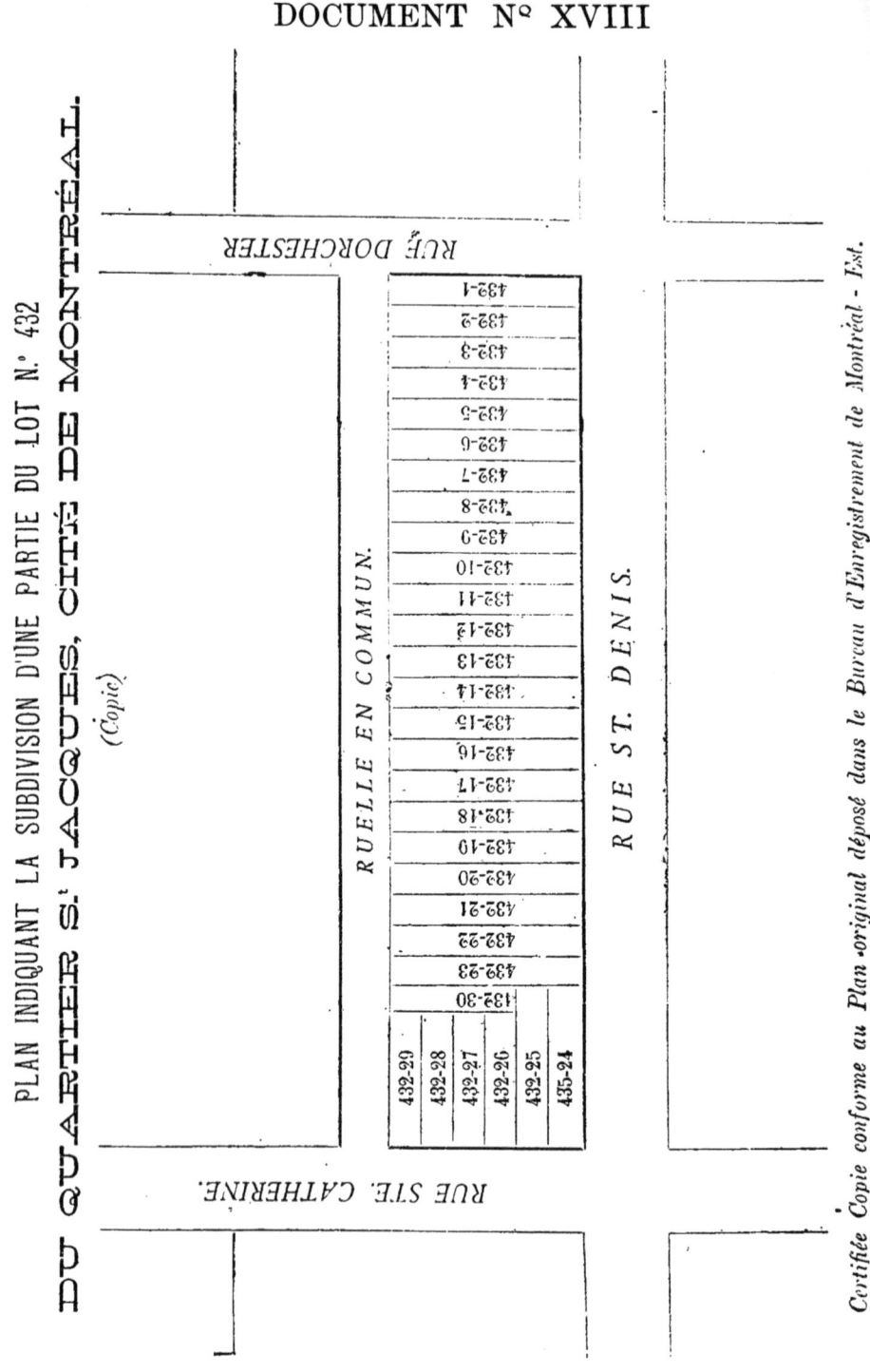

PLAN INDIQUANT LA SUBDIVISION D'UNE PARTIE DU LOT N.° 432

DU QUARTIER Sᵗ JACQUES, CITÉ DE MONTRÉAL.

(Copie)

RUE DORCHESTER

RUE STE. CATHERINE.

RUELLE EN COMMUN.

RUE ST. DENIS.

432-1
432-2
432-3
432-4
432-5
432-6
432-7
432-8
432-9
432-10
432-11
432-12
432-13
432-14
432-15
432-16
432-17
432-18
432-19
432-20
432-21
432-22
432-23
432-30

432-29
432-28
432-27
432-26
432-25
432-24

Certifiée Copie conforme au Plan original déposé dans le Bureau d'Enregistrement de Montréal - Est.

(Plan du terrain de la rue St-Denis)

RUE Sᵀ DENIS

RUE ONTARIO

1199-28
1199-29
1199-30
1199-31
1199-32
1199-33

Ruelle 1199-27
1199-26
1199-25
1199-24
1199-23
1199-22
1199-21
1199-20
1199-19

Ruelle 1199-14

1199-34
1199-35
1199-37
1199-38

1199-36

1199-13

1198-31
1198-25
1198-32 · Ruelle
1197-

1198-19

Copie certifiée conforme au Plan Officiel déposé dans le Bureau d'En-registrement de Montréal-Est.
Montréal 4 Janvier 1890

(Plan du terrain de l

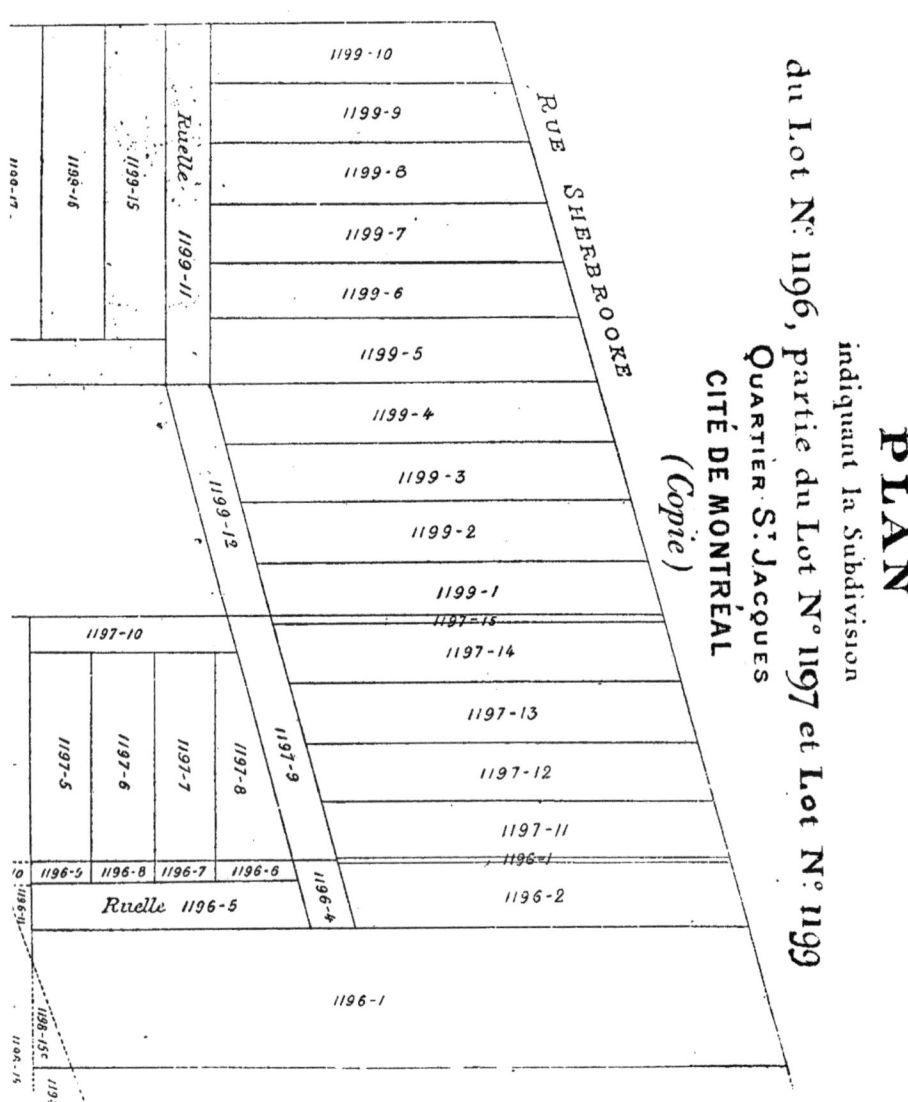

PLAÑ
indiquant la Subdivision
du Lot Nᶜ 1196, partie du Lot Nᵒ 1197 et Lot Nᵒ 1199
Quartier Sᵗ Jacques
CITÉ DE MONTRÉAL
(Copie)

e Sherbrooke)

DOCUMENT N° XX

———

LONGUEUIL, 21 août 1889.

MONSIEUR LE VICE-RECTEUR,

J'espère être prêt, demain matin, à vous donner les comptes de la Succursale sur la base nouvelle dont nous sommes convenus. Je ne suis resté à Québec que quelques heures, juste le temps nécessaire de prendre quelques documents qui me manquaient. Monsieur le Recteur étant absent de Québec, il était inutile de vous inviter à descendre en ce moment, et je suis revenu par le premier train. En tout cas, je serai à Montréal demain à 10 h. A. M.

Avec considération, votre bien dévoué,

J. E. MARCOUX.

DOCUMENT N° XXI

———

LONGUEUIL, 31 août 1889.

MONSIEUR LE VICE-RECTEUR,

J'ai référé au Séminaire de Québec certains items des comptes, et, comme je n'ai pas encore reçu de réponse ce matin, je ne puis mettre devant vous les réclamations du Séminaire de Québec, ce que je ferai le plus tôt possible.

J'ai l'honneur d'être, Monsieur le Vice-Recteur,

Votre tout dévoué,

J. E. MARCOUX.

DOCUMENT N° XXII

COMPTES DE LA SUCCURSALE DE L'UNIVERSITÉ LAVAL A MONTRÉAL, 4 SEPTEMBRE 1889.

RECETTES.

ANNÉES	1884-85	1885-86	1886-87	1887-88	1888-89
Elèves...........................$	2713 00	2458 00	3105 50	3457 50	4256 00
Gouvernement, Faculté de droit....		2000 00	2000 00	2000 00	4000 00
Gouvernement, Ecole Polytechnique..				57 00	5700 00
Gouvernement, réparations.........					3998 13
Messes, Montréal.................	4200 00	5200 00	5000 00	5 00	5500 00
Messes, St-Hyacinthe.............		1400 00	1080 00	1915 00	1063 00
Messes, Sherbrooke..............		160 00	220 00	300 00	100 00
Loyers..........................			140 0	210 00	
Syndicat........................	30 00			476 00	30 50
Faculté des arts.................				1 0	1581 50
Escomptes......................					7113 0
Divers..........................			100 00		750 40
Totaux $	6943 00	11208 00	11645 50	20058 50	34098 53

Recettes : 1887-88......................$ 20058 50
1886-87........................ 11645 50
1885-86........................ 11218 00
1884-85........................ 6943 00

Recettes totales.....................$ 83963 53

Payé pour le Séminaire de Québec.

Intérêts Cherrier 1888........	$ 2000.00	
Taxes 1888-89...............	635.04	
Divers......................	912.05	— 3547.09

Reçu pour le Séminaire de Québec.

Loyers............	$ 2389.31	
Diplômes.........	280.00	
Divers............	160.55	— 2829.86

A rembourser par le Séminaire de Québec...... $ 717.23

DÉPENSES.

ANNÉES	1884-85	1885-86	1886-87	1887-88	1 8-89
Vice-Recteur et secrétaire $	100 00	145 00	100 00	150 35	540 00
Professeurs de droit	1366 32	1387 45	1440 80	1982 96	2028 01
Professeurs de médecine	2852 50	2656 00	3187 50	4563 90	4791 50
Dépenses de maison	506 06	4307 09	1661 77	3194 67	1857 29
Chauffage	278 38	390 71	411 25	378 67	599 82
Voyages, cochers, dépêches	386 59	314 19	756 24	589 56	2946 46
Dissection	160 00	215 00	250 00	180 00	269 50
Faculté de Médecine	140 64	255 38	199 00	340 97	305 53
Gaz et eau	97 28	140 09	173 53	135 98	153 29
Annorces	31 00	57 00	135 06	124 46	105 00
Constructions			226 50	1963 90	2061 75
Ecole Polytechnique				6900 00	6650 00
Réparations					6639 60
Faculté des arts	34 00			800 00	1791 50
Remboursements	175 00	227 00	270 00	270 00	270 00
Appariteur, droit	321 00	494 00	731 92	690 00	973 48
Appariteur					
Totaux $	6448 77	10589 16	9543 57	22264 75	31972 73

Dépenses : 1887-88 .... $ 22264 75
            1886-87 .... 9543 57
            1885-86 .... 10589 16
            1884-85 .... 6448 77

Total............ $ 80818 98

Dépenses totales, cinq années 1884-89.......	$ 80818.98
Dépenses 1877-84.......	13234.88
Dépenses complètes 1877-1889.......	94053.86
A rembourser par le Séminaire de Québec.......	717.23
Dépenses nettes de 1887 à 1889.......	93336.63
Moins recettes totales 1884-89.......	83963.53
Balance due au Séminaire de Québec.......	9373.10
Plus diverses sommes escomptées à Montréal.......	7300.00
Dû à Perrault et Mesnard.......	3000.00
Charges totales de la Succursale au 1er septembre 1889.......	$ 19673.10

DOCUMENT N° XXIII

APPENDICE

DÉPENSES FAITES PAR LE SÉMINAIRE DE QUÉBEC POUR LA
SUCCURSALE

Depuis sa fondation jusqu'en 1884 (octobre).

1887	Voyages de Monsieur le Supérieur à Montréal..............$ 67 75		67 75
1878	Voyages de Monsieur le Supérieur à Montréal.....................	113 30	
	Dépenses de Monsieur le Supérieur et de M. le Vice-Recteur.........	115 60	
			228 90
1879	Télégr. et copie de documents......	21 81	
	Brochures, annonces..................	156 60	
	Dépenses de M. le Supérieur et de M. le Vice-Recteur....................	723 82	
			902 23
1880	Dépenses de M. le Vice-Recteur...	313 92	
juillet 30	Prêté à la Faculté de Médecine pour l'Hôpital Notre-Dame......	4000 00	
	Intérêt simple au 30 juillet 1889...	2138 30	
			6452 22
1881	Dépenses de M. le Vice-Recteur...	293 43	
	Télégrammes.........................	45 42	
	Bill: impressions, sténographes..	530 58	
	Impression des plaidoyers..........	296 66	
	Payé à M. Lacoste, avocat..........	1080 00	
	Payé à MM. Casgrain, Angers	360 00	
	Voyage de M. Hamel, à Rome......	1088 00	
			3694 09
1882	Dépenses de M. le Vice-Recteur...	205 64	
	M. Lacoste au conseil. privé........	432 55	
			638 19
1883	Divers au Vice-Recteur..............	200 25	
	Télégrammes......	70 64	
			270 89
1884	Divers au Vice-Recteur..............	341 74	
à octobre	Voyage de M. Bégin à Rome.......	638 87	
			980 61
	Dépenses totales............$		13234 88

N. B. On ne tient pas compte:
1° des Honoraires du Vice-Recteur pendant sept années ;
2° des frais d'annuaires pendant sept ans ;
3° de l'intérêt des déboursés faits par le Séminaire de Québec.

Monsieur le Vice-Recteur,

J'ai l'honneur de vous transmettre un état des comptes de la Succursale de l'Université Laval à Montréal, depuis 1877 jusqu'au 1ᵉʳ septembre 1889. Je serai à votre disposition pour donner les explications nécessaires.

Croyez-moi, Monsieur le Vice-Recteur,

Votre dévoué serviteur,

J. E. MARCOUX.

DOCUMENT N° XXV

Montréal, 4 septembre 1889.

Monsieur,

J'ai l'honneur d'accuser réception de l'état des comptes que vous avez laissé sur mon bureau. Je réunirai au plus tôt le Conseil financier que Monseigneur l'Archevêque de Montréal m'a donné, et je lui soumettrai vos réclamations. Aussitôt qu'il me sera possible, je vous ferai connaître quel aura été le résultat de notre examen.

Croyez que je demeure toujours avec une haute considération, Monsieur,

Votre tout dévoué serviteur,

J. B. PROULX, Prêtre.

DOCUMENT N° XXVI

MONTRÉAL, 9 septembre 1889.

MONSIEUR LE VICE-RECTEUR,

Je trouve dans les cahiers des élèves que la somme de ($5260.50) cinq mille deux cent soixante $^{5}/_{100}$ piastres, reste due sur le prix des cours pour les cinq années 1884-89. Bien que les facultés de Droit et de Médecine aient garder à leur *avoir* en 1884 les arrérages, pour la période 1877-1884, j'ai lieu de croire que le Séminaire de Québec abandonnera ces arrérages, si l'on arrive à un arrangement à l'amiable.

J'ai l'honneur d'être, Monsieur le Vice-Recteur,

Votre dévoué serviteur,

J. E. MARCOUX, Ptre.

DOCUMENT N° XXVII

——

Ex⁷audientia SS^{mi} habita die 5 mai 1889.

SS^{mus} Dominus Noster Leo divina Providentia P. P. XIII, referente me infrascripto Archiepiscopo Tyren., Congregationis de Propaganda Fide Secretario, ut æri alieno Universitatis Quebecensis provideatur ad quinquennium renovare dignatus est Indultum ad retinendos quinque solidos in singulis eleemosynis Missarum adventitiis quæ extra provincias celebrantur, onerata in hoc conscientia episcoporum, idque pro utraque provincia Quebecensi et Marianopolitana, ita tamen ut quæ ex hac postrema mittuntur extra provinciam pro celebratione, tribuantur Archiepiscopo Quebecensi in diminutionem debiti partis Marianopolitanæ Universitatis.

Datum Romæ ex ædibus dictæ S. Congregationis die et anno ut supra.

L. S.

† D., *Archiepiscopo* Tyren., *Secr*

Gratis quocumque titulo.

DOCUMENT N° XXVIII

MONTRÉAL, 16 septembre 1889.

MONSIEUR,

A propos des comptes que vous nous avez présentés le 4 septembre, nous en sommes venus à la conclusion, que tant que le Séminaire de Québec maintiendrait les mêmes prétentions vis-à-vis de la Succursale et de l'Archidiocèse de Montréal, il nous paraît inutile de délibérer davantage, et impossible d'arriver à un arrangement satisfaisant. Quant aux raisons, vous les connaissez, ayant assisté à notre assemblée du 9 septembre, du commencement à la fin. — Croyez que je demeure avec une haute considération,

Monsieur,

Votre tout dévoué serviteur,

J. B. PROULX, *Ptre.*

DOCUMENT N° XXIX

BEATISSIME PATER,

Benjaminus Paquet, Antistes Urbanus, Rector Universitatis Lavallensis in civitate Quebecensi, ad pedes Sanctitatis Vestræ provolutus, humillime petit prorogationem Indulti retinendi quinque solidos in Missis adventitiis pro provinciis Quebecensi et Marianopolitana, utilitate Universitatis Lavallensis erectæ in civitate Quebecensi a Seminario Diœcesano.

DOCUMENT N° XXX

MONTRÉAL, 14 octobre 1889.

Mgr B. Paquet, Recteur de l'Université Laval.

MONSEIGNEUR,

Je reçois à l'instant votre lettre du 11 octobre, et je vous remercie pour les renseignements que vous me donnez à propos de l'Ecole vétérinaire.

En effet, si vous vous en rapportez aux journaux, je comprends vos chagrins et vos surprises. Ma note de ce matin vous mettait en garde contre ces rapports. Le mot " indépendance " a été prononcé par moi dans un sens que je crois très vrai, mais qu'aucun journal n'a rapporté fidèlement, du moins des deux que j'ai vus.

Sous notre arrangement, l'enseignement est donné, comme de raison, par la Faculté de Médecine de l'Université Laval. Demandez ce qu'il en coûte pour laisser entendre le contraire. Outre le document que vous avez en main, voici ce qu'ont signé huit professeurs de l'Ecole présents à l'assemblée de la Faculté, samedi soir : " Le Corps enseignant, composé de MM. les Docteurs... (suivent les noms) tous professeurs titulaires de l'Université Laval, forment la Faculté de Médecine de l'Université Laval à Montréal et donnent l'enseignement universitaire."

Quant aux troubles causés par les élèves de l'Ecole, ils sont déplorables, mais c'est un mal pour un bien. Soyons patients. Avant longtemps, le jour se fera sur bien des choses. J'ai fait des concessions—les circonstances l'exigeant,—mais il y en a trois que je ne ferai jamais : celles qui s'attaqueraient à l'honneur, à l'indépendance et à l'unité de l'Université, en tout ce qui regarde Montréal.

Croyez que je demeure, avec la plus haute considération,

Monsieur le Recteur,

Votre très dévoué serviteur,

J. B. PROULX, *Prêtre.*

P.S.—En partant pour les Etats-Unis, M. Marcoux m'a laissé une lettre à propos d'un terrain que vous possédez à Montréal. Après tant de procédés extraordinaires que j'ai eu l'honneur de vous expliquer, cette lettre, qui me paraît extraordinaire, me laisse dans le doute, si je dois prendre tout ceci au sérieux.

J. B. P.

DOCUMENT N° XXXI

———

Rév. J. B. Proulx, Vice-Recteur,
Université Laval à Montréal.

QUÉBEC, 25 octobre 1889.

MONSIEUR,

J'ai l'honneur de vous transmettre, sous ce pli, copie de lettres adressées par ce département à votre prédécesseur, M. l'abbé Marcoux, le 24 août et le 12 septembre 1888, au sujet de l'occupation, par l'Université Laval, des anciens bureaux de la " Presse" et de la "Minerve" à Montréal.

J'ai l'honneur d'être, Monsieur le Vice-Recteur,

Votre très humble et très dévoué serviteur,

ERN. GAGNON, *Secr.*

———

Rév. J. E. Marcoux, Vice-Recteur,
Université Laval à Montréal.

QUÉBEC, 25 octobre 1889.

MONSIEUR,

L'Honorable Commissaire des Travaux publics me charge de vous dire que ce n'est pas l'intention du Gouvernement de fixer en aucune manière la durée de l'occupation, par l'Université Laval, des propriétés actuellement occupées par la " Minerve." Vous pouvez donc effectuer le déplacement projeté, et vous installer dans les bureaux de la "Presse" et de la "Minerve," le Gouvernement se réservant le droit de reprendre possession de sa ou ses propriétés, sur avis de six mois, à une époque quelconque, s'il le juge convenable.

Il est entendu que toutes les cotisations et taxes municipales, ou autres, sur les bâtiments et terrains occupés par l'Université, seront à la charge de cette dernière.—Relativement aux frais de déplacement, ainsi qu'aux frais d'installation, réparations, etc., que vous devez encourir, il est aussi entendu que vous les ferez connaître d'avance au Gouvernement, après avoir consulté votre architecte, etc., etc.

L'Honorable Commissaire vous dira alors si c'est l'intention du Gouvernement de vous rembourser ces frais.

J'ai l'honneur d'être, Monsieur,

Votre obéissant serviteur,

E. GAGNON, *Secr.*

P.S.—A toute éventualité, vous pouvez compter que le Gouvernement n'aura pas besoin des propriétés en question le printemps prochain.

(Signé) E. G.

Vraie copie.

ERNEST GAGNON, *Secr. Dép. T. P.*

Rév. J. E. Marcoux, Vice-Recteur,
    Université Laval à Montréal.

QUÉBEC, 12 septembre 1888.

MONSIEUR,

Comme complément à ma lettre du 24 août dernier, je puis aujourd'hui vous dire que le Gouvernement vous remboursera vos frais de déplacement, installation, réparation, etc., etc., pourvu qu'ils n'excèdent pas quatre mille piastres ($4,000.00). Advenant le cas où ces frais dépasseraient quatre mille piastres, le Gouvernement ne sera pas tenu de vous indemniser de ce surplus, ni cette année, ni ultérieurement, et ses droits de reprendre possession, en aucun temps, sur avis de six mois, des propriétés qui seront occupées par l'Université Laval, ne cesseront pas pour cela.

Par ordre de l'Honorable Commissaire des Travaux publics.

J'ai l'honneur d'être, Monsieur le Vice-Recteur,
    Votre obéissant serviteur,

        ERN. GAGNON, *Secr.*

Vraie copie.

        ERNEST GAGNON, *Secr.*

DOCUMENT N° XXXII

MONTRÉAL, 4 septembre 1889.

EMINENTISSIME SEIGNEUR,

La Constitution *Jam dudum* accordée à notre Université par la bienveillance de Notre Très Saint-Père le Pape, a été publiée, et accueillie par le clergé et les fidèles de cette province de Montréal, avec les sentiments de la plus vive reconnaissance pour le Saint-Siège. Chacun s'est mis à l'œuvre, dans la mesure de son pouvoir, pour en assurer la parfaite exécution et, déjà, nous pouvons espérer, dans un avenir assez prochain, une harmonie complète établie sur des bases solides. Cependant, pour certains détails sur lesquels il existe encore quelque divergence de vues et d'opinions, je prends la respectueuse liberté de faire connaître ma pensée à Votre Eminence, d'insister même pour qu'on fasse droit à ma demande, afin qu'aucun obstacle n'empêche le ralliement des esprits, et ne vienne enrayer un mouvement entrepris pour le plus grand bien de l'Université et de tout le pays.

Ainsi, Eminentissime Seigneur, on m'apprend que l'Indult pontifical permettant de retenir, pour les fins universitaires, cinq centins sur chacun des honoraires de messes envoyés à l'étranger, a été renouvelé dernièrement pour le même objet.

S'il en est ainsi, je demande respectueusement que tout l'argent provenant de cette source dans les limites de la province ecclésiastique de Montréal, soit appliqué à la Succursale montréalaise, et employé à son fonctionnement. Outre que c'est la destination naturelle et logique de cet argent, la Succursale n'ayant pour le moment d'autres ressources extérieures, en a un grand besoin.

La part qui lui revient sur l'indemnité des biens des Jésuites est beaucoup moindre que celle de la Maison de Québec, et je crois qu'il m'est permis d'espérer que Montréal devra bénéficier de ses revenus directs dont la privation ne pourrait que froisser inutilement le sentiment public, et détourner de l'œuvre les sympathies d'un grand nombre. Du reste, les autorités de l'Université Laval ont pratiquement reconnu ce droit, en accordant à la Succursale, depuis cinq ans, cette part de revenus. En appuyant sur cette demande, Eminentissime Seigneur, je ne cherche qu'à travailler au succès d'une œuvre chère au Saint-Siège et souverainement importante pour le bien de notre pays.

Je demeure,

Eminentissime Seigneur,

De Votre Eminence

Le serviteur très dévoué,

† EDOUARD CHS, Archevêque de Montréal.

DOCUMENT N° XXXIII

———

RAPPORT DU RECTEUR DE L'UNIVERSITÉ LAVAL AU
CONSEIL SUPÉRIEUR POUR L'ANNÉE 1888-89.

(Extrait)

........Les événements et l'avenir prouveront si ces
changements sont pour le plus grand bien de l'Université prise dans son ensemble et à l'avantage des fortes
études. Qu'il me soit permis de dire que ces changements n'ont nullement été demandés par l'Université
et qu'ils ont été sollicités et faits à son insu. Il semble
pourtant qu'on aurait pu et dû agir autrement envers
l'Université, la principale intéressée, vu surtout que
les conditions posées, lors de la concession de la Succursale, avaient été insérées dans la Bulle d'érection canonique *Inter varias sollicitudines*, conditions
que la nouvelle Constitution modifie et détruit en
grande partie. Ce manque de déférence envers l'Université et le Séminaire de Québec, n'a pas empêché
ceux-ci d'accepter, avec le plus grand respect et la
plus entière soumission, la Constitution *Jam dudum*. Nous ferons tout ce qui est en notre pouvoir
pour qu'elle reçoive sa pleine exécution : la volonté
du Saint-Père est pour nous la volonté même de
Dieu.........

........Un mot maintenant de l'état financier de
l'Université Laval à Québec.

Pendant l'année qui s'étend de jánvier 1888 à janvier 1889, les recettes ont été de \$6212.04 et les dépenses de \$12931.25.

La recette se décompose comme suit :

Payé par les élèves pour suivre les
    cours \$5467.00

Payé par diplômes . . . . " 462.79

Payé par les visiteurs des musées . . " 282.25

          Total de la recette. . \$6212.04

La dépense se décompose comme suit :

Pour éclairage, chauffage, assurance,
    réparation et employés \$4904.44

Pour la bibliothèque de l'Université et
    les cabinets de physique et de
    chimie . . . . "1285.71

Pour le salaire des professeurs . . . "6741.10

          Totale de la dépense. . \$12941.25

Ce qui laisse un déficit de \$6719.21, sans compter, il va sans dire, l'intérêt des capitaux mis dans la fondation de l'Université, ni celui que nous payons annuellement pour la même œuvre.

DOCUMENT N° XXXIV

Rév. J. E. Marcoux, *Prêtre*,
Champlain, New-York.

Monsieur,

Comme vous avez été chargé par le Séminaire de Québec de régler la question financière pendante entre le dit Séminaire et la Succursale de l'Université à Montréal, et comme vous êtes le premier intéressé dans l'affaire dont il s'agit ci-dessous, je vous fais savoir :

1° Que le billet de trois mille cinq cents piastres ($3,500.00), payable par vous, endossé par M. le docteur J. P. Rottot, doyen de la Faculté de Médecine de l'Université Laval à Montréal, a été présenté ;

2° Que, personne ne s'étant présenté pour payer le dit billet, je n'ai pas voulu laisser dans l'embarras un homme si dévoué aux intérêts de l'Université, et qui avait rendu, à l'occasion de ce billet, service à vous et au Séminaire de Québec ;

3° Que j'ai payé les $3,500.00, en ma qualité de Vice-Recteur de l'Université Laval à Montréal et d'agent financier de Monseigneur l'Archevêque de Montréal, me faisant passer, par écrit, par M. J. P. Rottot, les droits qu'il a contre vous et le Séminaire de Québec ;

4° Que je vous tiens, vous et le Séminaire de Québec, responsables d'autant envers moi, comme Vice-Recteur de l'Université Laval à Montréal et agent financier de Monseigneur l'Archevêque de Montréal ;

5° Que je retiens cette somme de $3,500.00 sur les

17

revenus provenant des messes de Montréal, attribués par le Saint-Siège au paiement de la dette de la Succursale ;

6° Que, si la Succursale n'a pas de dette vis-à-vis du Séminaire de Québec, je garde tous mes droits de recours contre le Séminaire de Québec et vous, pour exiger un remboursement.

Je vous donne avis qu'il en est ainsi pour l'argent que, afin de ne pas soulever de récriminations chez les créanciers et ne causer aucune surprise dans le public, j'ai payé pour solder des comptes flottants, faits sous votre administration, lesquels vous m'annonciez dans le *Nota bene* de votre première reddition de comptes.

J'espère que vous voudrez bien donner avis de cette communication au Séminaire de Québec, comme vous l'avez fait déjà, sans doute, pour toute la correspondance d'affaires qui a eu lieu entre nous.

Je vous demande pardon, Monsieur, de ces procédés, aussi pénibles pour moi que pour vous ; mais il n'est pas en mon pouvoir de ne point les prendre. La vie des administrateurs d'argent, *radix malorum*, est ainsi remplie de petits désagréments ; mais croyez qu'ils ne diminuent en rien l'estime et la considération avec lesquelles j'ai toujours été, et je suis,

Monsieur,

Votre très dévoué serviteur.

J. B. PROULX, *Prêtre*,
Vice-Recteur U. L. M.

DOCUMENT N° XXXV

DECRETUM.

Cum per Apostolicas Literas *Dominus ac Redemptor* diei 21 Julii 1773 Clemens P. P. XIV suppressa Societate Jesu ejusdem Superiorum jurisdictionem tam in spiritualibus quam in temporalibus in locorum Ordinarios transtulisset ; specialis postmodum Emorum Cardinalium Congregatio prædictarum Literarum dispositionibus executioni mandandis ab eodem Summo Pontifice constituta in encyclica epistola sub die 18 Augusti eodem anno data statuit ut quisque Episcopus " singularum (Societatis Jesu) domorum, " collegiorum, nec non et locorum hujusmodi et " illorum bonorum jurium et pertinentiarum quarum- " cumque possessionem nomine S. Sedis apprehen- " deret et retineret pro usibus a SSmo designandis. " Nihilominus in inferiori regione Canadensi, civilis gubernii opera, decreta hujusmodi non adamussim executioni mandata sunt : et episcopus Quebecensis, tunc R. P. D. Briand, bonorum Societatis in ea diœcesi existentium administrationem ejusdem Societatis Patribus reliquit vita eorum naturali durante. Quibus extinctis anno 1800 civile gubernium bonis omnibus Societatis in Canada potitum est, eorumque reditus publicæ instructioni in scholis tradendæ applicuit : atque ita in ea regione se res habuerunt, etiam post restitutam a Pio P. P. VII Societatem Jesu, usque ad superiorem annum 1888. Hoc tem-

pore Gubernium Quebecense pro iis bonis quæ antea
in regione illa Societas possidebat compensationem
dare proposuit, offerens francorum vicies centena
millia (fr. 2,000,000), nec non prædium cui nomen *la
Prairie* prope Marianopolim prostans. Porro cum
infrascriptus R. P. D. Dominicus Jacobini, Archiepis-
copus Tyren., S. Congregationis de Propaganda Fide
Secretarius, in Audientia diei 22 Julii anni ejusdem,
ea SSmo D. N. Leoni div. pro. P. P. XIII, retulisset,
Sanctitas Sua propositam compensationem acceptari
permisit; quoniam vero proprietas patrimonii illius
ad S. Sedem, ut supra dictum est, devoluta fuerat,
statuit ut accipiendæ compensationis distributio ipsi
Sedi Apostolicæ reservaretur. Tandem SSmus D. N.
in audientia ab infrascripto Emo ac Rmo P. D. Cardinali Joanne Simeoni Sacri ejusdem Consilii Chris-
tiano Nomini Propagando Præfecto habita die 5 ver-
tentis mensis Januarii 1889, ac mature perpensa
attentisque imprimis finibus ad quos memorata bona,
ut exploratum est, tradita a Donatoribus fuerant,
instruendi scilicet catholicam juventutem nec non
agendi sacras missiones inter sylvicolas regionis Cana-
densis mandavit ut Patres Societatis Jesu compensa-
tione accepta, sibi retineant prœdium quod vulgo
dicitur *la Prairie* nec non summam francorum octin-
gentorum millium (fr. 800,000) cedant vero septingenta millia francorum (fr. 700,000) Lycæo Magno
catholico Lavallensi, quorum quingenta millia ipsi
Universitati in Urbe Quebeci existenti, et quinquaginta millia Archidiœcesi Marianopolitanæ, bis centum
millia (fr. 200,000) succursali Marianopolitanæ ejus-

dem Universitatis, quinquaginta millia (fr. 50,000) Archidiœcesi Quebecensi; et item centum millia (fr. 100,000) Præfecturæ Ap. Sinus S. Laurenti, ex reliquis autem tercentum milibus æqualem partem tribuant sex Diœcesibus prædictarum provinciarum Quebecensis et Marianopolitanæ suffraganeis, nimirum Chicoutimiensi, S. Germani de Rimouski, Nicoletanæ, Trifluvianensi, S. Hyacinthi et Sherbrookiensi, ita ut unaquæque harum quinquaginta francorum millia (fr. 50,000) sibi ex exquo vindicet. Itaque super his Sanctitas Sua præsens Decretum edi mandavit, Contrariis, etc.

Datum die 15 Jan. 1889.

DOCUMENT N° XXXVI

A l'Honorable Honoré Mercier, Premier Ministre de la Province de Québec,

Les soussignés ont l'honneur de représenter :

Que, par le Statut de Québec 51 et 52 Victoria, ch. 13, une indemnité de quatre cent mille piastres a été accordée pour les biens dits : " Biens des Jésuites ; "

Qu'il a été stipulé, au dit acte, que la dite somme de quatre cent mille piastres resterait entre les mains du gouvernement de la province, comme un dépôt spécial, jusqu'à ce que le Pape eût fait connaître sa volonté quant à la distribution de ce montant dans ce pays, et qu'elle serait payée à qui de droit dans les six mois de la signification, au Secrétaire de la Province, de la décision du Pape ;

Que le 15 janvier dernier, un décret de Sa Sainteté Léon XIII a été rendu pour faire connaître sa volonté quant à la distribution de la dite somme de quatre cent mille piastres, et que ce décret a dû être signifié au secrétaire de cette province, vers le 1er mai dernier ;

Que par ce décret du Souverain Pontife, une somme de quarante mille piastres, à être prise sur la dite somme de quatre cent mille piastres, a été attribuée à la branche de Montréal de l'Université Laval ;

Qu'à la date où le dit décret a été rendu, le Séminaire de Québec avait l'administration financière de cette branche de l'Université Laval ; mais que depuis cette date, à savoir le 27 juillet dernier, il a abandonné cette administration et qu'il en a informé le Vice-Recteur, M. l'abbé J. B. Proulx, par une lettre en date du vingt-neuf août dernier, et le public par un avis inséré dans les journaux de Montréal les sept et huit octobre courant ;

Que le Séminaire de Québec, ayant ainsi abandonné l'administration financière de la branche Montréalaise de l'Université Laval, n'est plus l'administrateur autorisé de recevoir la somme de quarante mille piastres, attribuée à cette branche par le Souverain Pontife ;

Que, par la lettre, en date du vingt-neuf août dernier, de Mgr B. Paquet, supérieur du Séminaire de Québec, le dit Séminaire a autorisé le Vice-Recteur de Montréal à prendre possession de tout ce qui appartient à la Succursale, et à administrer les biens de celle-ci en son nom ou au nom de Monseigneur l'Archevêque de Montréal, substituant ainsi la Succursale et Monseigneur l'Archevêque de Montréal au Séminaire Québec, dans l'administration financière de la dite Succursale ;

A ces causes, les soussignés ont l'honneur de vous prier de vouloir bien payer à Monseigneur l'Archevêque de Montréal la somme de quarante mille piastres qui a été attribuée par le Souverain Pontife à la branche de Montréal de l'Université Laval, afin que la dite somme soit administrée pour les fins et les besoins de l'Université Laval de Montréal.

J. B. PROULX, Prêtre,
Vice-Recteur.

Pour et au nom de la Succursale de l'Université Laval à Montréal.

EDOUARD CHS., Archev. de Montréal.

DOCUMENT N° XXXVII

—

Au très Révérend Père Adrien Turgeon, membre de la Compagnie de Jésus, et Recteur du Collège Ste-Marie à Montréal,—autorisé par Sa Sainteté le Pape Léon XIII à régler, avec le gouvernement de cette province, la question dite des : " Biens des Jésuites."

Les soussignés ont l'honneur de représenter :

Que, par le Statut de Québec 51 et 52 Victoria, ch. 13, une indemnité de quatre cent mille piastres a été accordée pour les biens dits : " Biens des Jésuites ; "

Qu'il a été stipulé, au dit acte, que la dite somme de quatre cent mille piastres resterait entre les mains du Gouvernement de la Province, comme un dépôt spécial, jusqu'à ce que le Pape eût fait connaître sa volonté quant à la distribution de ce montant dans ce pays, et qu'elle serait payée à qui de droit dans les six mois de la signification, au Secrétaire de la Province, de la décision du Pape ;

Que, le 15 janvier dernier, un décret de Sa Sainteté Léon XIII a été rendu pour faire connaître sa volonté quant à la distribution de la dite somme de quatre cent mille piastres et que ce décret a dû être signifié au Secrétaire de la Province, vers le 1er mai dernier ;

Que, par ce décret du Souverain Pontife, une somme de quarante mille piastres, à être prise sur la dite somme de quatre cent mille piastres, a été attribuée à la branche de Montréal de l'Université Laval ;

Que les soussignés ont été informés que le cinq novembre prochain, la dite somme de quatre cent mille piastres vous sera remise et payée en votre qualité susdite, par le Gouvernement de cette province, pour être distribuée à qui de droit conformément au décret du Souverain Pontife du 15 janvier dernier 1889 ;

Qu'à la date où le dit décret a été rendu, le Séminaire de Québec avait l'administration financière de cette branche de l'Université Laval ; mais que depuis cette date, à savoir le 27 juillet dernier, il a abandonné cette administration et qu'il en a informé le Vice-Recteur, M. l'abbé Proulx, par une lettre en date du vingt-neuf août dernier, et le public par un avis inséré dans les journaux de Montréal les sept et huit octobre courant ;

Que le Séminaire de Québec, ayant ainsi abandonné l'administration financière de la branche Montréalaise de l'Université Laval, n'est plus l'administrateur autorisé de recevoir la somme de quarante mille piastres, attribuée à cette branche par le Souverain Pontife ;

Que par la lettre, en date du vingt-neuf août dernier, de M. Paquet, supérieur du Séminaire de Québec, le dit Séminaire a autorisé le Vice-Recteur de Montréàl à prendre possession de tout ce qui appartient à la Succursale, et à administrer les biens de celle-ci en son nom ou au nom de Monseigneur l'Archevêque de Montréal, substituant ainsi la Succursale et Monseigneur l'Archevêque de Montréal au Séminaire de Québec dans l'administration financière de la dite Succursale ;

A ces causes, les soussignés ont l'honneur de vous prier de vouloir bien payer à Monseigneur l'Archevêque de Montréal la somme de quarante mille piastres, qui a été attribuée par le Souverain Pontife à la branche de Montréal de l'Université Laval, afin que la dite somme soit administrée pour les fins et les besoins de l'Université Laval de Montréal.

J. B. PROULX, *Prêtre*,
Vice-Recteur.

Pour et au nom de la Succursale de l'Université Laval à Montréal.

EDOUARD CHS, Archev. de Montréal.

DOCUMENT N° XXXVIII

MONTRÉAL, 24 septembre 1889.

Extrait du procès-verbal d'une séance de la Faculté de Médecine de l'Université Laval à Montréal, tenue le 24 septembre 1889.

Les résolutions suivantes sont adoptées à la majorité des voix :...

3° Que la Faculté recommande au Conseil Universitaire d'accepter la résignation de M. le Dr Lachapelle....

M. le Dr Dagenais donne sa résignation comme professeur de Tocologie, et la Faculté recommande au Conseil de nommer M. le Dr Lamarche professeur de Tocologie.

M. le Dr Lamarche donne sa résignation comme professeur d'Anatomie descriptive, et la Faculté recommande au Conseil Universitaire de nommer M. le Dr Poitevin professeur d'Anatomie.

La Faculté recommande au Conseil Universitaire de nommer professeurs titulaires MM. : Dr Th. d'Odet d'Orsonnens, à la chaire de clinique des maladies des vieillards ; Dr W. H. Hingston, à la chaire de clinique chirurgicale ; Dr L. E. Desjardins, à la chaire de clinique ophthalmologique ; Dr L. B. Durocher, à la chaire de médecine légale ; Dr L. A. S. Brunelle, à la chaire de médecine opérative ; Dr L. A. Demers, à la chaire de clinique de pathologie ; Dr L. D. Mignault, à la chaire de pathologie générale ; Dr E. A. Poitevin, à la chaire d'anatomie descriptive ; Dr J. P. Chartrand, à la chaire d'anatomie pratique ; Dr J. J. Guerin, à la chaire de gynécologie.

Signé : H. E. DESROSIERS, *Sec. pro tempore.*

Québec, 25 septembre 1889.

Nous, soussigné, Archevêque de Montréal, approuvons tout ce qui est proposé dans ce document.

† ED. CHS, Archev. de Montréal.

DOCUMENT N° XXXIX

Montréal, 27 septembre 1889.

Cardinali Simeoni
Propaganda — Roma.

Unio inter medicos facta, juxta exposita Eminentiæ Vestræ, me approbante cum suffraganeis ; sed, cunctante Quebeco, et urgente tempore, precor ut Rector Lavallensis inducatur ad statim acceptandum.

† ED. CHS, *Archev. de Montréal.*

DOCUMENT N° XL

MONTRÉAL, 12 octobre 1889.

Le corps enseignant composé de Mrs les Drs Th. E.
d'Odet d'Orsonnens, J. P. Rôttot, W. H. Hingston,
L. B. Durocher, Hon. A. O. Paquet, A. Dagenais, A.
T. Brosseau, L. E. Desjardins, J. A. Laramée, N.
Fafard, J. B. A. Lamarche, L. A. Demers, J. E. Ber-
thelot, S. Lachapelle, J. A. S. Brunelle, H. E. Desrosiers, S. Duval, J. J. E. Guerin, A. A. Foucher, L. D.
Mignault, E. A. Poitevin, J. P. Chartrand, tous Professeurs titulaires de l'Université Laval à Montréal,
forment la Faculté de Médecine de l'Université Laval
à Montréal, et donnent l'enseignement universitaire.
Cependant Messieurs les Drs Th. E. d'Odet d'Orsonnens, W. H. Hingston, L. B. Durocher, L. E. Desjardins, L. A. Demers, L. A. S. Brunelle, L. D. Mignault,
E. A. Poitevin, J. P. Chartrand, membres de l'Ecole de
Médecine et de Chirurgie de Montréal conservent leur
Charte, avec son nom, son autonomie et ses privilèges
pendant deux ans, pendant lesquels ils auront à opter
s'ils resteront dans l'Université Laval, ou s'en sépare-
ront, et pendant lesquels ils feront tous les actes nécessaires pour conserver leur existence corporative,
d'après ce qui est dit dans les consultations de M. le
juge Pagnuelo et de M. G. Lamothe, avocat ; et, pour
preuve de bonne entente, entre les deux corps,— dis-
tincts jusqu'à aujourd'hui, — la carte d'inscription

livrée aux élèves portera le titre de: "Université Laval, Ecole de Médecine et de Chirurgie de Montréal", tel qu'il a été suggéré par les autorités légales déjà citées.

Signatures : Ths. E. d'Odet d'Orsonnens, J. P. Rottot, W. H. Hingston, A. O. Paquet, S. Dagenais, T. A. Brosseau, L. E. Desjardins, J. A. Laramée, N. Fafard, J. B. A. Lamarche, L. A. Demers, Séverin Lachapelle, H. E. Desrosiers, S. Duval, J. J. Guerin, A. Foucher, L. D. Mignault, J. P. Chartrand.

DOCUMENT Nº XLI

Acte pour amender l'acte 8 Victoria, ch. 81, incorporant l'Ecole de Médecine et de Chirurgie de Montréal sous le nom de " Le Collège de Médecine et de Chirurgie de Montréal."

Attendu que le Collège de Médecine et de Chirurgie de Montréal a représenté, par sa requête, qu'il est désirable, tant dans son intérêt que dans l'intérêt de la science médicale et du public, d'amender son acte d'incorporation de la manière ci-après mentionnée et qu'il convient d'accéder à cette requête ;

Sa Majesté, par et de l'avis de la Législature de Québec, décrète ce qui suit :

I. La section deuxième de l'Acte de la ci-devant province du Canada, 8 Victoria, ch. 81, est rappelée et remplacée par la suivante :

II. La dite Corporation pourra augmenter le nombre de ses membres jusqu'à vingt-trois ; la nomination des membres nouveaux et celle des membres pour remplacer ceux qui décéderont, résigneront, résideront permanemment en dehors de la province, ou qui seront démis, se fera par la majorité des membrse existants de la dite Corporation de la manière qu'elle le déterminera par règlement ou résolution ; les membres de la dite corporation seront des médecins qualifiés à enseigner quelqu'une des branches de la médecine, ou de la chirurgie ou de l'obstétrique : le choix fait par la Corporation, comme susdit, devra être approuvé par l'Archevêque Catholique Romain de Montréal, et aucune nomination ne vaudra sans telle approbation.

II. La section trois du dit acte est rappelée et remplacée par la suivante :

III. La dite Corporation fera donner, chaque année, dans la cité de Montréal, par des personnes compétentes, soit des membres de la dite Corporation ou des professeurs agrégés, sur chaque branche de la science médicale, au moins le nombre de leçons exigées par la loi générale sur la Médecine, la Chirurgie et l'Obstétrique.

III. La section huit du dit acte est rappelée et remplacée par la suivante :

VIII. Les membres de la dite Corporation ne sont pas personnellement responsables des dettes de la dite Corporation, sans préjudice cependant aux droits des créanciers actuels contre les membres actuels.

IV. Le dit Collège de Médecine et de Chirurgie de Montréal pourra faire avec l'Université Laval tels arrangements que la Corporation jugera utiles à la science médicale et au bien public, soit pour devenir la Faculté médicale de la dite Université Laval à Montréal, sans cependant que son existence corporative puisse disparaître à moins du concours de tous les membres du dit Collège, soit pour unir les cours des dites deux écoles de médecine de manière à les fortifier et à faire disparaître toute rivalité nuisible aux intérêts des dites écoles et de leurs élèves ; et tout arrangement, quant aux cours, aux finances, à l'octroi des degrés et à toute autre matière quelconque, sera valable pour toutes les fins légales.

DOCUMENT N° XLII

ROME, 6 février 1890.

Son Eminence le cardinal Simeoni,
Préfet de la Sacrée Congrégation de la Propagande.

EMINENTISSIME SEIGNEUR,

Monsieur le docteur Ls Ed. Desjardins, délégué de l'Ecole de Médecine et de Chirurgie de Montréal, en communiquant à Votre Eminence le projet de bill que l'Ecole de Médecine se propose de présenter à la Législature de la province de Québec, l'a accompagné d'un mémoire dans lequel il expose, sur les difficultés qui existent entre les deux Ecoles de médecine, les vues de la majorité de ses collègues.

De leur côté, les professeurs titulaires de la Faculté de Médecine de l'Université Laval à Montréal m'ont confié, pour le faire parvenir à la connaissance de

Notre Saint-Père le Pape, un mémoire où la même question est exposée à leur point de vue. Je crois que c'est le moment opportun de le remettre à Votre Eminence, afin qu'elle en dispose selon le temps et les circonstances. Ce document est l'expression spontanée de la pensée et des vœux de la Faculté de Médecine de l'Université à Montréal ; je n'ai voulu n'y rien suggérer, ni en demander, non plus, aucune modification. Je respecte la liberté des deux partis ; et, par ce respect, j'aimerais à contribuer quelque peu à amener ces deux mêmes parties à faire librement des sacrifices mutuels pour se rencontrer à mi-chemin.

Quand on considère la profondeur des divisions et l'acharnement des luttes du passé, on est surpris, malgré peut-être la vivacité de quelques expressions, de voir qu'on en soit arrivé, en si peu de temps, à une conduite aussi modérée jusqu'ici et même, en plusieurs points, je dirai aussi bienveillante.

J'ose espérer que ces deux mémoires contribueront à jeter une nouvelle lumière sur la situation, permettant ainsi au Saint-Siège de nous aider plus efficacement à apporter une solution à nos longues et pénibles difficultés.

Dans cet espoir, je suis et demeure avec les sentiments de la vénération la plus profonde,

De Votre Eminence,

Eminentissime Seigneur,

Le très humble et très obéissant serviteur,

J. B. PROULX, *Ptre*,

Vice-Recteur U. L. M.

DOCUMENT N° XLIII

—

A SA SAINTETÉ LÉON XIII,

PAPE GLORIEUSEMENT RÉGNANT.

Très Saint-Père,

Humblement prosternés aux pieds de Votre Sainteté, les soussignés prennent la liberté de Lui exposer les faits suivants.

Lorsque l'auguste Pontife Pie IX, d'illustre mémoire, par un décret en date du 1er février 1876, déclara que l'établissement d'une Université indépendante à Montréal était impossible, mais que, pour procurer à cette ville les bienfaits d'une éducation universitaire et catholique, l'Université Laval devrait avoir une Succursale à Montréal, les soussignés acceptèrent avec empressement cette décision et s'y soumirent sans restriction. En conséquence, d'accord avec les autorités religieuses, ils firent toutes les démarches nécessaires pour obtenir la Succursale ; et, grâce au concours efficace du regretté Monseigneur Conroy, délégué par le Saint-Siège pour régler cette question, l'inauguration de la Succursale put se faire d'une manière solennelle le 6 janvier 1878, en présence du représentant du Souverain Pontife et de six Evêques.

La Faculté de Médecine de la Succursale fut composée de tous les Professeurs de l'Ecole de Médecine

18

et de Chirurgie de Montréal qui existait depuis plusieurs années et qui était affiliée à une. université protestante de la Province d'Ontario, et de quelques Médecins pris en dehors de l'Ecole. Tout semblait faire présager le succès de la nouvelle institution, lorsque la majorité des Professeurs de l'Ecole se séparèrent de la Succursale pour continuer leur affiliation avec l'Université Victoria, et cela pour des prétextes qu'il serait trop long d'énumérer et qui ont déjà été exposés devant le Saint-Siège. Alors, plusieurs des soussignés qui faisaient partie de l'Ecole s'en séparèrent au grand détriment de leurs intérêts pécuniaires, parce qu'ils voulaient se conformer aux désirs du Souverain Pontife, et ils durent s'adjoindre d'autres professeurs pour former la Faculté de Médecine de la Succursale. Après s'être réorganisée suivant les conseils et avec l'approbation des autorités religieuses, la nouvelle Faculté avait le droit de compter sur le concours de tous les catholiques du diocèse de Montréal, et surtout sur celui des communautés religieuses ; mais il n'en fut pas ainsi.

Les Dames Hospitalières de St-Joseph qui possédaient le seul hôpital catholique de la ville, l'Hôtel-Dieu, mirent leur établissement sous le contrôle absolu de l'Ecole de Médecine, et permirent même à cette dernière de congédier sans merci plusieurs des soussignés qui y faisaient le service depuis un grand nombre d'années, à la satisfaction des malades comme à celle des révérendes Sœurs. Vu qu'il est impossible d'enseigner la Médecine sans service d'hôpital pour donner les cliniques, et comme la loi du pays exige

que ces cliniques soient données dans un hôpital contenant au moins cinquante lits, les soussignés deman-
dèrent respectueusement aux Dames Hospitalières de
de St-Joseph de leur donner à eux et à leurs élèves une
salle contenant ce nombre de lits, ce qu'elles auraient
pu facilement faire, l'Hôtel-Dieu pouvant recevoir
trois cent cinquante malades ; mais elles refusèrent
péremptoirement, et l'hôpital demeura complètement
fermé aux Professeurs de la Succursale ainsi qu'à
leurs élèves. Les soussignés durent alors se résigner,
pour la première année, à envoyer leurs étudiants
dans un hôpital protestant, et payer pour cela une
somme assez considérable. L'année suivante, avec
l'aide de quelques amis, entre autres de celui du révérend M. Rousselot, curé de la paroisse Notre-Dame, et
au prix des plus grands sacrifices de temps et d'argent,
ils réussirent à fonder un hôpital de cinquante lits,
auquel Sa Grandeur Monseigneur de Montréal donna
le nom d'Hôpital Notre-Dame. Cet hôpital a continué
à exister depuis neuf ans, grâce à la générosité du
public et au dévouement des Dames Grises, qui se
sont chargées de son administration ; mais son existence est assez précaire, vu que la charité publique peut
devenir insuffisante d'un moment à l'autre. Comme
la ruine de l'Hôpital Notre-Dame entraînerait infailliblement celle de la Succursale, il est évident que,
pour assurer la stabilité de cette dernière, elle doit
pouvoir compter sur d'autres institutions. De plus,
avec cinquante malades, il est bien difficile de donner
toutes les leçons nécessaires pour mettre les élèves au

courant des données de la science dans toutes ses branches.

La question des hôpitaux ne constitue pas la seule difficulté que les soussignés ont eu à surmonter pour fonder la Faculté de Médecine de la Succursale, tel que le désirait le Saint-Siège. Profitant de la rivalité qui, de temps immémorial, existait entre les villes de Québec et de Montréal, et des préjugés qui en étaient la conséquence, les ennemis de l'Université Laval firent une guerre acharnée à la nouvelle Faculté. Ils ne craignirent pas de dénaturer et d'incriminer les motifs de la conduite des soussignés, et ils employèrent tous les moyens en leur pouvoir pour les perdre dans l'opinion publique ; leurs manœuvres eurent pour résultat de nuire considérablement, même dans leur clientèle privée, aux Professeurs de la Succursale qui faisaient les plus grands sacrifices pour aider à l'établissement de l'Université Catholique à Montréal, et conserver par là au clergé le contrôle de la haute éducation.

Ces Professeurs eurent à souffrir non seulement dans leurs intérêts pécuniaires, mais aussi dans leur sensibilité et dans leurs rapports sociaux qui devenaient souvent difficiles et pénibles à cause des faux bruits que l'on répandait sur leur compte.

Une autre conséquence de la guerre faite à la Succursale, fut que le nombre des élèves a été très restreint ; et comme on n'avait pas d'autres revenus que ceux provenant des élèves, les soussignés durent enseigner gratuitement pendant les cinq premières années ; pendant les cinq années suivantes, l'Université Laval de Québec, s'étant chargée des frais de l'établissement, ils reçurent des honoraires excessivement modiques et tout à fait inférieurs à ceux que l'on donne généralement dans les autres institutions du même genre.

Ce manque de ressources nuit grandement au développement de l'Université Catholique à Montréal ; car, outre que les professeurs sont peu rétribués, il est impossible d'avoir des musées, des bibliothèques et tout le matériel nécessaire pour l'enseignement.

Malgré tous ces désavantages et l'état précaire de la situation, les soussignés ont continué pendant dix ans à suivre la ligne de conduite qu'ils avaient adoptée en conformité avec les désirs du St-Siège, et ils ont salué avec joie l'apparition de la Constitution *Jam dudum*, qui paraissait améliorer leur position en donnant à la Succursale une plus grande liberté d'action, ce qui enlevait une arme très forte des mains de ses adversaires, qui prétendaient ne pas vouloir se soumettre à ce qu'ils appelaient le joug de Québec. Voyant l'impression favorable que ce décret avait faite sur le public en général et le clergé en particulier, des personnages éminents en profitèrent pour tenter d'opérer une union entre l'Ecole de Médecine et la Succursale ; leurs efforts furent presque couronnés de succès. Car, en septembre dernier, les deux tiers des professeurs de l'Ecole, six sur neuf, signèrent un projet d'union entre les deux institutions.

Pour arriver à cette entente, les soussignés durent faire de nouveaux et de grands sacrifices ; ils s'engagèrent à donner leurs leçons dans les bâtisses de l'Ecole situées dans un endroit de plus difficile accès que celles qu'ils occupent, et qui sont aussi moins convenables sous tous les rapports. De plus, plusieurs d'entre eux abandonnèrent des chaires qu'ils occupaient depuis dix ans pour en prendre d'autres, se mettant par là dans la nécessité de faire de nouvelles études et de préparer de nouveaux cours. Mais ce projet d'union est presque complètement manqué, à cause de la résistance opiniâtre des trois Professeurs de l'Ecole qui n'avaient pas signé l'entente et à cause de l'opposition tapageuse de ses élèves. En effet, durant le mois d'octobre dernier, quelques-uns des soussignés s'étant rendus dans les salles de l'Ecole pour donner leurs leçons, ils furent sifflés, hués et menacés de mauvais traitements ; on lança même à l'un d'eux des projectiles, sinon dangereux, au moins très désagréables à recevoir. Malgré cet accueil peu encourageant, ces Professeurs se rendirent ainsi à l'Ecole pendant plusieurs semaines, jusque vers le milieu de novembre, toujours avec le même résultat ; et ce n'est que lorsqu'il fut surabondamment prouvé qu'il était impossible de donner les lectures d'une manière paisible dans les salles de l'Ecole, que la Faculté de Médecine de la Succursale a décidé de continuer ses cours dans ses propres salles, chaque institution gardant ses élèves.

Telle est, Très Saint Père, la position de la Faculté de Médecine de l'Université Laval à Montréal. Les soussignés ont voulu la faire connaître à Votre Sainteté, parce que c'est pour se conformer à ses désirs qu'ils ont fait tous les sacrifices qu'ils viennent d'énumérer; c'est parce qu'ils ne comptent que sur Elle pour trouver les ressources nécessaires au maintien et au développement de la Succursale ; c'est aussi parce qu'Elle seule peut, par son influence immense et sa haute autorité, amener les catholiques, surtout le clergé et les communautés religieuses, à favoriser la seule Université Catholique de la Province de Québec ; c'est, enfin, parce qu'ils ont la confiance d'obtenir d'Elle justice et protection.

J. P. ROTTOT, M. D.

J. B. A. LAMARCHE, M. D.

A. DAGENAIS, M. D.

J. A. LARAMÉE, M. D.

A. A. FOUCHER, M. D.

A. T. BROSSEAU, M. D.

H. E. DESROSIERS, M. D.

S. DUVAL, M. D.

SÉVERIN LACHAPELLE, M. D.

N. FAFARD, M. D.

DOCUMENT N° XLIV

MONTRÉAL, 22 novembre 1889.

Sa Grandeur Mgr Ed. Chs Fabre, Archevêque de Montréal.

MONSEIGNEUR,

J'ai examiné le Protêt que les trois Professeurs dissidents de l'Ecole de Médecine ont envoyé à Votre

Grandeur. Vous me demandez ce que j'en pense. Je
pense que nous n'avons pas à nous en occuper, comme
d'une chose qui ne nous regarde aucunement. Si les
dissidents ont à se plaindre de quelqu'un, ce n'est
pas de nous qui ne les avons violentés en rien ; ce
serait, tout au plus, de leurs Collègues, avec qui ils
diffèrent d'opinion. Qu'ils arrangent ensemble leurs
affaires de famille, nous n'avons rien à y voir. Le
Protêt s'est trompé de porte. Mais, puisque ces Messieurs sont assez bons que de vouloir bien nous faire
connaître les secrets de leur pensée, faisons-en notre
profit.

Le Protêt renferme trois choses :

1° Une narration des anciennes difficultés entre
l'Ecole de Médecine et Laval. Evidemment c'est une
narration oratoire, faite à un point de vue d'avocat.
Laval pourrait, si elle le voulait, je le sais, nous en
donner la contre-partie. Peu m'importe les divisions
du passé, je ne me sens aucun désir de les épouser et
de les continuer, les morts avec les morts. Il s'agit,
pour l'avenir, de vivre à une vie de paix, de concorde
et de respect mutuel.

2° Un avancé, qu'on a entrepris d'anéantir l'Ecole
de Médecine par la même lutte et les mêmes tentatives, c'est-à-dire, dans la pensée des dissidents, par la
violence, et de lui ravir injustement ses hôpitaux et
ses dispensaires. Avancé erroné et gratuit, que je n'ai
pas besoin de réfuter, car *quod gratis affirmatur, gratis
negatur*. Loin de moi l'idée de violence et d'injustice ;

dans toutes mes démarches auprès de l'Ecole de Médecine, je n'ai fait appel qu'aux sentiments les plus nobles de la persuasion. Du reste j'écrivais à l'Ecole, en date du 9 octobre 1889: "Croyez que, dans tout arrangement, nous voulons respecter la justice commutative et les droits acquis de propriété."

3° Une déclaration solennelle "que les trois médecins dissidents ont toujours été prêts, et qu'ils le sont encore, à accepter une union qui assure à l'Ecole de Médecine la conservation, non seulement temporaire, mais indéfinie de sa charte, de son autonomie et de ses privilèges." Sans que je connusse alors le Protêt, je me trouve à les avoir pris au mot, en me rendant à leurs désirs, dans la mesure du possible, par les déclarations que je leur faisais le 15 du courant, et que vous àvez approuvées le 17, à votre retour de Washington.

J'aime à croire à la sincérité de tout le monde. Plusieurs affirment que quelques-uns ne disent vouloir l'union que pour la mieux combattre. Peu importe; cela prouverait, au moins, que l'idée d'union est si en faveur, auprès de la masse des gens bien pensants, qu'on n'ose pas l'attaquer de front.

L'Union se fera, définitive! Je compte beaucoup sur le temps, sur des explications opportunes, sur l'apaisement des esprits, pour dissiper les brouillards du doute et les résistances d'une vieille antipathie. Dans tous les cas, on se trompe si l'on croit, par des pièces de ce genre, m'empêcher de marcher vers le but que nous poursuivons: procurer à nos études universitaires la paix, la force et officiellement, l'influence bienfaisante de la religion.

Croyez aux sentiments de respect filial avec lesquels je demeure,

De Votre Grandeur,

Monseigneur,

Le très dévoué serviteur.

J. B. PROULX, *Prêtre.*

DOCUMENT N° XLV

A Sa Grandeur Monseigneur Edouard Charles Fabre, Archevêque de Montréal et Vice-Chancelier de l'Université Laval.

Monseigneur,

Les soussignés, Professeurs à la Faculté médicale de l'Université Laval à Montréal, désirant faire connaître à Votre Grandeur la manière dont ils comprennent leur position dans les circonstances actuelles, et expliquer l'attitude qu'ils ont prise vis-à-vis le bill que l'Ecole de Médecine a présenté à la Législature, dans le but apparent de faciliter une union entre les deux Facultés, prennent la liberté de présenter à Votre Grandeur les considérations suivantes :

Lorsque l'illustre Pontife Pie IX, par un décret en date du 1er février 1876, a déclaré que l'Université

Laval serait la seule université catholique dans la Province de Québec, mais que cette institution devrait avoir une Succursale à Montréal, pour donner à cette ville tous les avantages d'une éducation universitaire, les soussignés se sont empressés de se soumettre à cette décision du Souverain Pontife, qui leur a paru inspirée par la plus haute sagesse, et dans l'intérêt bien compris de tous les catholiques de la Province. En effet, une université bien établie doit être suffisante pour tous les besoins d'une population qui dépasse à peine le chiffre d'un million ; et si l'on examine ce qui se passe dans les autres pays et surtout en France, on se convaincra sans peine, que l'existence d'une seconde université ne pourrait qu'être préjudiciable à l'intérêt des catholiques. Aux Etats-Unis d'Amérique, qui comptent plus de dix millions de catholiques, on n'a encore qu'une seule université qui n'est pas même encore complétée ; en France, lorsque le gouvernement a permis l'érection d'universités catholiques, on s'est aperçu que, pour réussir, il ne fallait pas qu'elles fussent trop multipliées et on a été obligé d'en réduire le nombre à trois. Cependant la France contient trente-six millions de catholiques. Ceci s'explique assez facilement : pour assurer l'existence et le succès d'une université, il faut des moyens considérables qui ne peuvent s'obtenir que par l'encouragement et le concours d'un grand nombre de personnes.

En fondant plusieurs universités, on divise les sources de revenus, on se trouve en présence d'institutions qui végètent et qui se soutiennent misérablement, tandis qu'en n'en fondant qu'une seule, cette université recevant l'appui de toute la population devient grande et prospère. Ces quelques considérations démontrent suffisa mment la sagesse de l'immortel Pie IX en décrétant qu'il n'y aurait qu'une seule université catholique dans la Province de Québec. De plus, Sa Sainteté Léon XIII, dont la claivoyance et la sagesse sont universellement reconnues, n'a fait que marcher sur les traces de son illustre prédécesseur ; Elle a toujours marché dans la même voie et Elle a déclaré, chaque fois que les circonstances lui en ont donné l'occasion, que l'Université Laval serait la seule université catholique dans cette province.

L'établissement d'une seule université dans la Province de Québec aura pour effet, non seulement d'assurer l'existence de cette université, mais il entraînera d'autres avantages excessivement précieux. La population catholique de cette province se trouve en contact continuel et mêlée à une population protestante beaucoup moins nombreuse qu'elle, mais qui a pu réussir à établir et à maintenir une université de première classe, et qui fait l'honneur non seulement de la ville de Montréal, mais encore de la Puissance du Canada. Si les catholiques ne veulent pas se laisser devancer dans la voie du progrès, ils doivent rallier toutes leurs forces et employer toutes les ressources qui sont à leur disposition, pour fonder une institution qui puisse rivaliser avec celle de leurs compatriotes appartenant à une autre croyance religieuse.

Mais, il faut bien l'avouer, l'union qui devrait exister entre tous les catholiques de la Province laisse

beaucoup à désirer ; l'esprit de parti, l'esprit de clocher, les préjugés de toutes sortes et d'anciennes rancunes divisent toutes les classes de la société, et cela
dans le clergé comme chez les laïques. Or, quand tous
les membres des classes dirigeantes puiseront leur
instruction dans la même institution qui étendrait ses
ramifications dans toute la Province de Québec, ces
préjugés, cet esprit de clocher et ces rancunes devront
disparaître ; en étant forcés d'aller puiser les connaissances et la science à la même source, on apprendrait
à se connaître et à s'estimer ; l'amour que chacun
porterait à son *Alma mater* s'étendrait plus ou moins
à tous les élèves de l'institution. Ces considérations
auraient dû être suffisantes pour amener tous ceux
qui désirent le bien de la religion et du pays, à accepter avec empressement la décision si souvent et si
clairement formulée par le Saint-Siège, de soutenir
l'Université Laval et la Succursale ; mais, malheureusement, il n'en a pas été ainsi.

Un grand nombre de personnes, et, ce qui est plus
étonnant, un grand nombre de membres du clergé,
pour des raisons et des motifs que Votre Grandeur
connaît aussi bien que les soussignés, ne voulurent
pas se soumettre, et firent l'opposition la plus achar-
nés à l'établissement de la Succursale. Ces adversaires
de l'Université se servirent de l'Ecole de Médecine
comme d'une arme pour contrecarrer les désirs des
Souverains Pontifes. Leurs efforts unis à ceux de
l'Ecole eurent pour résultat de laisser l'Université
Laval à Montréal dans un état assez précaire ; et ils
commençaient même à espérer de réussir dans leurs

projets, quand le Saint-Père, qui veille sans cesse aux intérêts de la religion et de la haute éducation, vint par la promulgation de la Constitution *Jam dudum* déjouer leurs plans et enlever leurs espérances. En effet, toute leur force venait des préjugés qu'ils parvenaient à soulever parmi la population contre ce qu'ils appelaient la domination et le joug de Québec, prétendant qu'en acceptant la Succursale, Montréal, la cité la plus riche et la plus populeuse de la Puissance du Canada, se constituait l'inférieure et l'esclave de la ville de Québec. Mais avec le décret *Jam dudum* qui donnait à la Succursale une indépendance presque complète en lui assurant le contrôle de ses finances, le confectionnement des programmes de ses études, la nomination et la révocation de ses professeurs, les ennemis de l'Université Laval se sentirent désarmés, et ne purent plus faire un épouvantail avec le spectre de Québec dominant Montréal. Le décret, tout en maintenant l'unité de l'Université Laval, donne à la Succursale une liberté si grande, qu'un membre éminent du clergé de cette ville a dit que les deux institutions n'étaient unies que par un fil d'or. La population catholique de la province ecclésiastique de Montréal, doit la plus profonde reconnaissance au Souverain Pontife qui a su trouver, dans sa sagesse, le moyen de donner à la Succursale la liberté dans l'unité.

Voyant l'impression favorable produite parmi la population par le décret *Jam dudum* les soussignés profitèrent de son apparition pour faire des propositions d'union à l'Ecole de Médecine, union qui

aurait eu pour résultat de faire disparaître pour toujours les divisions et les rivalités qui existaient
depuis si longtemps et qui étaient la cause d'un si
grand malaise parmi le public.

Pour arriver à faire cette union, les soussignés firent
les plus grands sacrifices et se soumirent aux plus
grande humiliations ; Votre Grandeur connaît déjà
tout ce qu'ils ont fait dans ce but, ainsi que ce qui en
est résulté, de sorte qu'il serait inutile d'entrer dans
tous les détails. Mais, dans les circonstances, les
soussignés croient devoir mettre de nouveau sous les
yeux de Votre Grandeur les conditions d'union qui
avaient été acceptées par l'Ecole et par la Faculté de
Médecine de l'Université Laval à Montréal.

" Les deux Facultés devaient donner leurs cours
" dans les bâtisses de l'Ecole ; les Professeurs de la
" Faculté Laval devaient agir comme Professeurs
" agrégés de l'Ecole, tandis que ceux de l'Ecole deve-
" naient immédiatement Professeurs titulaires de
" l'Université et s'engageaient à suivre tous les règle-
" ments universitaires : cette union provisoire devait
" durer deux ans, au plus, pendant lesquels l'Ecole
" pouvait faire tous les actes nécessaires pour conser-
" ver sa charte et son autonomie. Après ces deux ans,
" si les Professeurs de l'Ecole voulaient demeurer
" Professeurs de l'Université Laval, ils devaient
" abandonner leur charte et n'agir que comme Pro-
" fesseurs de Laval." Ceux qui ne voulaient pas
accepter cette union ayant soulevé des objections
légales contre ce projet, il fut décidé que les Professeurs de l'Ecole favorables à l'union, présenteraient

un bill devant la Législature pour faire disparaître ces objections et pour légaliser les conditions qui avaient été acceptées par les deux Facultés.

Les soussignés, confiants dans la bonne foi des Professeurs de l'Ecole, se mirent à donner leurs cours et ne s'occupèrent aucunement du bill; mais ils furent bien surpris, quand un ami leur fit parvenir une copie de ce bill qui était déjà devant la Législature, et qui demandait pour l'Ecole l'autorisation de faire l'union avec la Faculté Médicale de l'Université Laval à Montréal sur des bases tout à fait différentes de celles qui avaient été acceptées. Par la clause quatre du bill, l'Ecole demandait purement et simplement de devenir la Faculté Médicale de l'Université Laval à Montréal. Comme Votre Grandeur peut le voir, ce n'est plus les Professeurs de l'Ecole qui entraient dans Laval et qui abandonnaient leur charte, mais ils voulaient devenir la Faculté même de Laval, tout en conservant leur autonomie et leur indépendance. C'était une affiliation déguisée, affiliation qui avait toujours été refusée par l'Université Laval. Il est vrai qu'ils disaient qu'ils voulaient faire entrer dans l'Ecole tous les professeurs actuels de la Faculté Médicale de l'Université Laval, et que c'était pour cette raison que, dans une des premières clauses du bill, ils demandaient l'autorisation d'augmenter le nombre de leurs professeurs jusqu'au chiffre de vingt-trois; mais ceci n'était nullement mentionné, et si le bill avait été adopté, l'Ecole aurait parfaitement pu nommer qui elle aurait voulu pour remplir ses cadres. Au reste, dans toutes les transactions qui ont

eu lieu entre l'Ecole et l'Université Laval, depuis
l'établissement de la Succursale, elle n'a pas beaucoup brillé par sa fidélité à remplir ses engagements,
qu'elle rompait sous les prétextes les plus futiles.
Dans cette circonstance, son manque de bonne foi a
été le même que dans une foule d'autres occasions ;
car malgré l'entente la plus formelle que les deux
Facultés auraient le même nombre de professeurs, si
l'union se faisait, elle a consenti à l'insertion d'une
clause, par laquelle elle s'obligeait à nommer Professeurs titulaires deux de ses professeurs agrégés avant
d'en nommer d'autres.

De plus, l'Ecole, en consentant à retrancher du bill
la clause qui la forçait à faire approuver la nomination et la révocation de ses professeurs par l'Archevêque de Montréal, a voulu éluder une des prescriptions les plus importantes du décret *Jam dudum*.
En effet, si elle était devenue la Faculté Médicale de
l'Université Laval, tous ses professeurs auraient été
ipso facto professeurs de Laval, et comme elle n'aurait
pas été obligée de faire approuver leur nomination
comme professeurs de l'Ecole, il s'ensuit nécessaire-
ment qu'ils seraient devenus professeurs de l'Université Laval sans l'approbation de l'Archevêque. Pour
perpétuer cet état de choses, si l'union s'était faite
d'après les bases du bill, et pour garder sa charte indéfiniment, l'Ecole avait eu le soin d'y insérer une
très petite clause dans laquelle il était déclaré qu'il
fallait le consentement unanime de ses membres pour
annuler cette charte. Or, il est évident que sur vingt-

19

trois professeurs, il y en aurait toujours eu plus d'un qui aurait tenu à la conserver. Aujourd'hui, sur neuf professeurs, il y en a trois qui ne veulent-pas accepter l'union, parce qu'ils veulent conserver la charte.

Ce plan de constituer l'Ecole, Faculté médicale de l'Université Laval à Montréal n'est pas nouveau; il doit son origine à Monseigneur Smeulders, Commissaire Apostolique envoyé au Canada par le Saint-Siège en 1884, pour régler la question universitaire. Pour démontrer à Votre Grandeur que les soussignés ne peuvent pas accepter aujourd'hui des conditions d'union qu'ils ont refusées alors, ils croient ne pouvoir mieux faire que de citer ici les réponses qui ont été données par plusieurs d'entre eux à Son Excellence le Commissaire Apostolique. En voici quelques-unes :

I.—"Nous sommes élèves de l'Ecole de Médecine " et de Chirurgie de Montréal. Après notre admission " à la pratique, nous avons compris l'infériorité de " l'enseignement de cette institution. Pour nous mettre " en état de remplir les devoirs de notre profession " consciencieusement et avec profit pour nos patients " et pour nous-mêmes, et pour nous mettre au niveau " scientifique des confrères qui avaient fait leurs études " dans d'autres institutions, nous avons été obligés " de recommencer complètement nos études médicales, " et de consacrer tous nos moments de loisir ainsi que " nos veilles et nos nuits à acquérir les connaissances " qui nous manquaient.

II.—"Nous avons laissé l'Ecole de Médecine pour " entrer dans la Succursale de l'Université Laval pour " les raisons suivantes :

1° "A cause de la faiblesse des études qui se font à
" l'Ecole ;

2° " A cause de la facilité avec laquelle cette École
" confère le titre de docteur à ses élèves, sans égard à
" la capacité et à la moralité des candidats ;

3° "Parce que dans l'Ecole il n'y a pas d'autorité
" supérieure exerçant un contrôle sur les professeurs
" et les élèves, ni sous le rapport scientifique, ni sous
" le rapport moral.

4° " Parce que des professeurs de l'Ecole abusant
" de la liberté absolue dont jouit chacun d'eux, en
" ont profité pour enseigner du haut de leur chaire
" l'immoralité la plus éhontée, et pour déverser le
" ridicule sur les ministres de la religion, sur les re-
" ligieux et les religieuses ;

5° "Parce que, dans l'Ecole, il n'y a personne qui
" ait mission de surveiller la conduite morale des
" élèves, et que cette liberté absolue chez des jeunes
" gens de vingt à vingt-cinq ans, qui sortent pour la
" plupart des collèges après y avoir été renfermés
" pendant sept ou huit ans, est dangereuse. Comme
" médecins, nous avons cru que l'établissement de la
" Succursale était un moyen que la Providence nous
" offrait de sortir de l'ornière de la routine dans la-
" quelle nous tenait depuis longtemps l'Ecole de
" Médecine qui avait le monopole de l'enseignement
" médical dans cette partie de la province de Qué-
" bec. Nous avons cru, et nous croyons encore, qu'avec
" la Succursale, nous pourrions marcher de pair avec
" nos concitoyens d'autres origines dans la voie du
" progrès scientifique.

III.—"Nous n'entrerons jamais dans l'Ecole quel-
" que modification qu'on lui fasse subir, tant qu'elle
" conservera son autonomie. Car cette autonomie
" constituerait une menace continuelle contre le nou-
" vel état de choses que l'on établirait. Le passé peut
" nous faire connaître d'avance ce qui arriverait dans
" l'avenir, les mêmes causes produisant toujours les
" mêmes effets. Son Excellence Monseigneur Conroy
" avait fondé la Succursale en laissant à l'Ecole son
" autonomie, et l'on sait ce qui est arrivé. Si l'Ecole
" tient tant à conserver son autonomie, c'est qu'elle a
" une arrière-pensée.

" Nous n'entrerons pas dans l'Ecole devenue
" Succursale de l'Université Laval parce que ce serait
" consacrer et accepter une injustice faite aux profes-
" seurs de la Succursale actuelle. Par dévouement
" aux autorités religieuses et sur la foi des décrets du
" Saint-Siège, ces Professeurs ont fait les plus grands
" sacrifices pour fonder la Succursale ; ils ont donné
" l'enseignement gratuitement, ils ont fondé un hôpi-
" tal, ils ont lutté contre tous les préjugés soulevés
" par leurs adversaires parmi la population ; et, dans
" l'hypothèse où l'Ecole deviendrait la Succursale,
" ils seraient la risée du public, et leur position, dans
" la société deviendrait presque intolérable. Ce serait
" le triomphe de ceux qui ont résisté aux autorités
" religieuses et l'humiliation de ceux qui s'y sont
" soumis généreusement. Dans ces circonstances,
" notre dignité professionnelle nous défendait d'en-
" trer dans l'Ecole. "

Lorsque les soussignés ont fait ces réponses à Monseigneur Smeulders, la position de la Faculté n'était pas brillante ; ses adversaires lui faisaient une geurre violente, le nombre de ses élèves était très restreint, l'opinion publique lui était défavorable, ses professeurs enseignaient gratuitement, et cependant ils n'hésitèrent pas à refuser d'entrer dans l'Ecole qui serait devenue la Faculté Médicale de l'Université Laval à Montréal. Maintenant, la Faculté se trouve dans une position beaucoup plus avantageuse ; depuis le décret *Jam dudum* ses ennemis n'osent plus lui faire une guerre ouverte, l'opinion publique lui est beaucoup plus favorable, le nombre de ses élèves augmente rapidement, et ses professeurs reçoivent des émoluments qui peuvent être considérés comme satisfaisants pour le présent. Votre Grandeur doit donc comprendre facilement qu'aujourd'hui il ne peut plus être question de faire entrer les Professeurs de la Faculté dans l'Ecole et de faire de celle-ci la Faculté Médicale de l'Université Laval.

Les soussignés sont d'autant plus fermes dans la position qu'ils ont prise sur ce sujet que l'Ecole ne paraît pas s'être améliorée depuis 1884, surtout, si l'on en juge d'après ce qui s'est passé l'automne dernier lorsqu'on a tenté de faire l'union. Votre Grandeur doit avoir conservé la mémoire de la manière indigne dont les élèves de l'Ecole se sont conduits envers Elle et plusieurs membres éminents du clergé, lors de l'ouverture des cours dans le mois d'octobre dernier ; Votre Grandeur doit se rappeler qu'Elle a versé des larmes amères ce jour-là, en se trouvant en butte à des outrages et des insultes si peu mérités.

Votre Grandeur se rappelle, aussi, sans doute, la faiblesse impardonnable du Président de l'Ecole dans
cette circonstance, qui a laissé passer ces insultes sans
faire la moindre protestation. La conduite subséquente des élèves n'est pas non plus inconnue à Votre
Grandeur ; Elle doit avoir appris la manière dont ils
ont accueilli les professeurs de l'Université Laval ;
elle doit aussi avoir appris que, non contents de causer du désordre dans les salles de l'Ecole, ils se sont
promenés dans les rues de la ville, drapeau en tête,
chantant la Marseillaise et criant : "Pas de prêtraille !"
La conduite de ces élèves n'a rien de surprenant,
quand on sait que quelques Professeurs de l'Ecole
prêchent ouvertement l'éducation laïque, sans contrôle religieux. La faiblesse de l'enseignement de
l'Ecole, l'inconduite de ses élèves, les principes
hétérodoxes de quelque-uns de ses professeurs, tout
indique que c'est une institution vermoulue jusque
dans ses fondations ; il est complètement impossible
de l'améliorer, de la consolider, parce qu'elle manque
de bases solides. Il faut qu'elle s'écroule ; et les
matériaux qui en resteront pourront à peine être
utilisés dans un autre édifice bâti sur de bonnes
fondations. Avec les fautes de son passé et celles de
son présent, l'Ecole ne peut échapper au sort qui
l'attend qu'en s'unissant à l'Université Laval ; sans
l'union, elle doit péricliter sans cesse et finir misérablement, et cela dans un avenir assez prochain. L'Université Laval à Montréal ayant été établie par la
plus haute autorité qui existe sur la terre, le Saint-
Siège, représentant l'ordre, la discipline, la moralité

et le progrès scientifique, se trouve assise sur des bases solides et ne peut manquer de réussir ; pour elle l'union offre peu d'avantages. Cependant, les Professeurs de la Faculté Médicale de l'Université ne sont pas hostiles à toute idée d'union ; ils sont disposés à ouvrir leurs rangs et à recevoir chez eux les Professeurs de l'Ecole, pourvu que la chose puisse se faire sans trop de sacrifices de leur part, et pourvu surtout que la charte de l'Ecole disparaisse pour toujours. L'existence de cette charte a été la cause de toutes les difficultés qui sont survenues entre l'Ecole et l'Université Laval ; c'est elle qui a empêché le fonctionnement de la Faculté, telle qu'organisée par le regretté Monseigneur Conroy ; c'est elle qui a empêché l'union l'automne dernier, et tant qu'elle continuera à exister, elle constituera toujours un danger et une menace pour l'Université.

Monseigneur, si les négociations viennent à se rouvrir pour faire l'union, les soussignés désireraient être traités avec un peu plus de délicatesse qu'ils ne l'ont été dans certaines circonstances ; car des personnes bien intentionnées, mais ne comprenant pas sans doute toute la portée de leurs paroles, ont essayé d'employer auprès d'eux des moyens de persuasion qui leur ont été très pénibles. On n'a pas craint de leur dire que si l'union se faisait, les Professeurs seraient convenablement payés, et qu'on trouverait tout l'argent nécessaire pour le bon fonctionnement de l'Université, mais que s'il n'y avait pas d'union, il n'y aurait pas d'argent. Quoique la plupart des soussignés ne soient pas riches, Votre Grandeur doit demeu-

rer convaincue que, dans toutes les transactions qui
pourront se faire à l'avenir, chez eux, la question de
dignité personnelle passera toujours avant la question
d'argent. De plus, il est difficile de comprendre comment on peut avoir tout l'argent nécessaire avec l'u-
nion, tandis que sans elle on ne pourrait s'en procurer. L'union n'augmenterait pas les ressources de la
Faculté d'une manière notable ; le revenu provenant
des élèves de l'Ecole serait absorbé par les dépenses
additionnelles que nécessiterait la nomination d'un
plus grand nombre de Professeurs, et, pour combler
le déficit, les autorités devraient voir ailleurs. Pendant plus de trente ans, l'Ecole a eu le monopole de
l'enseignement médical dans cette partie de la province et a eu tous les élèves catholiques ; cependant
les revenus provenant de ces élèves n'ont jamais pu
lui permettre de se procurer des musées, des bibliothèques et tout le matériel nécessaire au bon fonctionnement d'une institution de ce genre. De plus, les
professeurs n'ont jamais reçu des émoluments convenables ; ce qui prouve que l'union avec l'Ecole ne sera
pas de nature à augmenter les ressources de la Faculté.

Les soussignés, Monseigneur, ne désirent pas rompre le fil d'or qui les unit à l'Université Laval de Québec, et cela pour plusieurs raisons. En premier lieu,
la rupture de ce fil ferait disparaître l'unité qui est si
avantageuse sous tous les rapports et qui est si vivement désirée par le Souverain Pontife ; en second lieu,
les soussignés sont satisfaits de la liberté que leur
accorde le décret *Jam dudum* et de la position qu'il
leur donne ; en troisième lieu, ils n'ont aucune répu-

gnance à porter le nom de Laval, ce nom étant un des plus glorieux que l'on rencontre dans l'histoire de la Nouvelle-France ; en quatrième lieu enfin, la rupture de ce fil par les soussignés constituerait de leur part un acte évident d'ingratitude. Votre Grandeur doit se rappeler, sans doute, que c'est le Séminaire de Québec qui est venu aux secours de la Faculté et s'est chargé du paiement des émoluments des Professeurs et des dépenses de l'administration sans y être obligé, vu que le décret·du 1ᵉʳ février 1876 mettait tous les frais de l'établissement de la Succursale à la charge du diocèse de Montréal. Il est vrai que ces honoraires ont été très modiques au commencement, mais ils n'ont pas moins contribué à encourager les membres de la Faculté et à les faire travailler à la consolidation de l'Université Laval à Montréal.

Votre Grandeur, Monseigneur, qui s'est toujours montrée si empressée non seulement d'exécuter les ordres du Saint-Siège, mais de se conformer à ses désirs, doit voir avec joie l'établissement de l'Université Laval à Montréal se consolider. La Faculté de Médecine dont le fonctionnement est le seul qui ait rencontré des difficultés, se trouve aujourd'hui dans des conditions qui font prévoir son succès final : ses Professeurs sont tous dévoués, le nombre de ses élèves augmente rapidement, le meilleur esprit règne parmi eux, et son enseignement est généralement reconnu pour être excellent et ne le céder en rien à celui des autres universités. Tout ce qu'il faut maintenant pour assurer définitivement le triomphe de l'Université Laval à Montréal n'est pas l'union avec l'Ecole, mais le concours actif et efficace de toutes les forces catholiques, ainsi qu'un secours annuel de quelques milliers de piastres, secours que les autorités religieuses ne manqueront pas de donner ; car c'est pour elles le seul moyen de conserver le contrôle de la haute éducation. Le clergé, en prenant sous sa protection puissante l'Université Laval à Montréal, ne fera que continuer ses traditions passées ; il sauvegardera par là les intérêts de la religion et de la science ainsi que ceux de la nationalité canadienne-française. Il est de la plus haute importance que le clergé ne laisse pas échapper cette occasion de conserver le contrôle de l'éducation universitaire. Plus tard la chose sera peut-être impossible. Car, il faut bien l'avouer, Monseigneur, l'idée de la laïcisation de l'enseignement fait un chemin rapide parmi la population ; et les Professeurs de l'Ecole qui se sont opposés à l'union parce qu'ils veulent avoir une université laïque ont un plus grand nombre d'adhérents qu'on ne pourrait le croire. Le fait que le député qui a voulu réinsérer, dans le bill de l'Ecole, la clause demandant l'approbation de l'Archevêque pour la nomination de ses professeurs, n'a pu trouver de secondeur dans la chambre d'assemblée, est une preuve évidente du courant des idées sur ce sujet. De plus, il existe dans la ville une université protestante forte, puissante, riche de plusieurs millions qui verrait avec plaisir se fonder une Faculté française de Médecine à qui elle donnerait ses diplômes, soit en faisant une affiliation, soit en reconnaissant, comme partie intégrante d'elle-même, cette Faculté française. Comme Votre Grandeur peut le voir, la situation n'est pas sans danger, et si les autorités religieuses ne prennent pas immédiatement les moyens d'établir d'une manière convenable, à Montréal, l'Université catholique voulue par le Saint-Siège, les conséquences les plus graves peuvent en résulter.

Le tout respectueusement soumis.

Signé :

A. Dagenais,	N. Fafard,
J. A. Laramée,	A. A. Foucher,
A. T. Brosseau,	J. B. A. Lamarche,
S. Duval,	Sév. Lachapelle,

H. E. Desrosiers, *Secrét.*

Pour copie conforme.

H. E. Desrosiers, *M. D.*, *Secrétaire.*

Montréal, 17 avril 1890.

DOCUMENT N° XLVI

Rome, 25 mai 1890.

Sa Grandeur Monseigneur Ed. Chs Fabre,
Archevêque de Montréal.

Monseigneur,

J'avais d'abord pensé vous envoyer, au complet, mes remarques sur la lettre que neuf Professeurs de la Faculté de Médecine de l'Université Laval à Montréal ont adressée à Votre Grandeur, en date du 17 avril 1890. Mais, réflexion faite, j'ai cru devoir en remettre l'exposé à mon retour au Canada. La parole écrite est toujours moins flexible que la parole parlée ; et je ne voudrais pas m'exposer, sans y être forcé en quelque sorte, à faire de la peine à ces Messieurs, dont je connais le dévouement aux intérêts de la profession médicale, les hautes aptitudes d'enseignement, et le bon vouloir vis-à-vis de moi dans le passé. Que, dans ce tourbillon de tiraillements divers, ballottés eux-mêmes depuis si longtemps par la tempête, ils aient pris temporairement, sur quelques points, une direction qui ne mène pas droit au but où ils aspirent, je suis plus porté à regretter leur démarche qu'à la blâmer vertement.

Cependant, pour aujourd'hui, je ne puis taire, auprès de vous, Monseigneur, ce qui suit.

Premièrement, une grande partie de ce document est consacré à démontrer "la sagesse de l'immortel Pie IX en décrétant qu'il n'y aurait qu'une seule université catholique dans la Province de Québec," et le désir qu'ont les neuf Médecins signataires de ne pas rompre le fil d'or qui les unit à l'UniversitéLaval de Québec" : thèse, dans la circonstance, pour le moins inutile ; car, l'unité d'Université, c'est là une proposition, c'est là une nécessité dont Votre Grandeur n'a jamais douté : et c'est justement pour en assurer la réalisation que nous travaillons, à travers tant de difficultés, à l'union des deux Ecoles de Médecine ; car, pour l'enseignement médical, nous avons à Montréal, en pratique dans l'élément catholique, deux foyers universitaires, l'Université Laval, et l'Ecole de Médecine affiliée à l'Université de Cobourg. L'union, pour me servir des expressions de la lettre elle-même, *rallierait toutes les forces des catholiques, emploierait toutes les ressources qui sont à leur disposition pour fonder une grande institution et il n'y aurait plus qu'une seule Alma mater qui étendrait ses ramifications dans toute la Province de Québec.* Mais, je le répète, ces grands bienfaits seront produits, non par le triomphe d'une institution sur l'autre, quelque complet qu'il puisse être, mais par l'union et des institutions, et des esprits, et des volontés. Avec de la persévérance, avec de la modération, avec du calme nous y arriverons.

Puis les signataires récitent toutes les objections qu'ils ont contre le bill présenté à la Législature de la Province de Québec par l'Ecole de Médecine. C'est leur droit ; seulement il me semble qu'ils se sont trop pressés d'en user. Leurs adversaires ne manqueront pas d'utiliser contre eux cet empressement, et ce manque de tactique. Le bill pouvait être très incomplet, très imparfait, je n'ai pas à entrer sur ce terrain. Mais il y a un point qui me paraît n'être pas très bien saisi par ces Messieurs, c'est que par l'acte de la Législature *ipso facto, l'Ecole de Médecine ne devenait pas la Faculté médicale de l'Université Laval.* Après que la Charte aurait été amendée, bien ou mal, il restait un arrangement, à être fait par les Evêques de la Province de Montréal qui n'auraient pas sacrifié les décrets apostoliques, à être ratifié dar le Conseil Universitaire qui aurait veillé sur les droits de l'Université, pour la confection et la conclusion duquel arrangement les membres de la Faculté de Médecine de l'Université à Montréal auraient été consultés, comme on s'est toujours fait un devoir et un scrupule de ne pas y manquer, du moins depuis un an, chaque fois qu'il s'est agi d'affaires regardant leur faculté ; car il était bien entendu que, dans cet arrangement, seraient respectés *les intérêts des anciens professeurs de la Succursale de l'Université à Montréal.* (Voir document N° III.)

Je regrette le ton acerbe de certaines expressions que renferme cette lettre, le vinaigre n'a jamais adouci les plaies, sans compter que cela prête flanc à la critique, inutilement. J'ignore quelles sont ces personnes qui ont employé, auprès des membres de la Faculté de Médecine, des moyens de persuasion pénibles à leur dignité personnelle.

Ces Messieurs se réjouissent, à bon droit, de ce que *la Faculté se trouve dans une position beaucoup plus avantageuse,* de ce que *les Professeurs reçoivent des émoluments qui peuvent être considérées comme satisfaisants pour le présent,* et de ce que *le nombre de leurs élèves augmente rapidement.* Très bien ! mais il est important de ne pas se départir de la politique de conciliation et de modération, qui a tant contribué à amener cet heureux résultat.

Ces Messieurs sont dans la conviction que " avec les fautes de son passé et celles de son présent, l'Ecole de Médecine… doit péricliter sans cesse, et finir misérablement, et cela dans un avenir assez prochain." Le proverbe dit qu'il ne faut jamais vendre la peau de l'ours avant de l'avoir tué. Dans tous les cas, serait-il possible d'amener l'effondrement violent de l'Ecole, le mériterait-elle, que je suis d'avis qu'il vaudrait mieux lui tendre la main jusqu'au bout, et ne jamais cesser tout en assurant la prospérité et la supériorité d'enseignement de la Faculté médicale, de travailler à amener une union large, généreuse, à l'amiable. Il ne s'agit pas ici de triompher sur des ruines, mais bien d'extirper du champ universitaire des germes dangereux pour l'avenir, et de réunir autour d'une grande œuvre le concours de toutes les énergies catholiques. Quand il y a eu des *torts* des deux côtés, devrait-il être si difficile d'user réciproquement d'indulgence et de bienveillance !

Du reste, quand le moment sera arrivé de cimenter la paix d'une manière définitive, ces Messieurs ne resteront pas inférieurs à leur tâche : je connais trop leur esprit de foi et leur patriotisme. Ils sauront, comme ils l'ont déjà prouvé en plus d'une circonstance, s'élever au-dessus de ce qu'ils stigmatisent avec tant de force, " l'esprit de parti, l'esprit de clocher, les préjugés de toutes sortes et d'anciennes rancunes…"

Plein de confiance dans l'avenir que la Providence nous réserve, de respect pour les droits de la Faculté de Médecine de l'Université, de bienveillance pour les aspirations de l'Ecole de Médecine, et d'affection filiale pour votre personne vénérée, je me souscris avec la plus haute considération,

De Votre Grandeur,

Monseigneur,

Le très dévoué serviteur,

J. B. PROULX, *Prêtre*

SUPPLÉMENT

DE L'ÉDITION MONTRÉALAISE.

DOCUMENT Nº XLVII

Villa della Presentazione, 13 via Milazzo,
ROME, 24 juin 1890.

Le Révérend A. Archambault,
Vice-Chancelier, Montréal.

MON CHER MONSIEUR,

Je réponds à votre lettre du 3 courant, aujour-d'hui 24 juin, en cette fête de notre saint Patron qui m'apporte quelque loisir, un peu tard il est vrai, mais "mieux vaut tard que jamais." Je vous remercie de tout ce que vous avez fait dans votre position qui, dans ces temps agités, est loin d'être une sinécure. Un verre d'eau froide suffit pour éteindre tout un foyer, pourvu toutefois qu'il ne soit pas trop gros.

Vous me dites : "Plusieurs médecins sont mécon-tents de l'attitude que vous avez prise." Je le prévoy-ais bien, dès le commencement. Mes lettres du mois de février, et les avis que je leur faisais parvenir par diverses voies, en témoignent assez. Mais que voulez-vous ? que faire ? La Fontaine aurait-il raison ?

> Parbleu ! dit le monsieur, est bien fou du cerveau,
> Qui prétend contenter tout le monde et son père.

Dans tous les cas, ce meunier-là est un sage entêté, à qui cependant je ne voudrais pas trop ressembler :

> Je suis âne, il est vrai, j'en conviens, je l'avoue ;
> Mais que dorénavant on me blâme, on me loue,
> Qu'on dise quelque chose, ou qu'on ne dise rien,
> J'en veux faire à ma tête.—Il le fit, et fit bien.

A mon retour, j'aurai à donner aux Médecins de Laval des explications, qui ont été très bien venues à Rome, et qui, je l'espère, ne le seront pas moins bien auprès d'eux. Mais je ne pouvais les donner avant mon départ, pour la bonne raison que je venais ici justement pour m'assurer de leur opportunité, que je me sentais le besoin de réfléchir et de consulter avant que de parler, que je voulais prudemment m'assurer du terrain sous mes pas avant que de poursuivre ma route et qu'il ne convenait pas de divulguer, par toute la ville de Montréal, des secrets qui n'étaient pas encore passés dans le domaine des connaissances publiques. Mais aujourd'hui, c'est différent !

Tout de même, en attendant, cela m'a valu des coups de fusil dans le dos. Pendant que je combattais les bons combats, et que j'assurais notre position à Montréal, en particulier pour le plus grand avantage de la Faculté médicale, tout à coup, sans avoir entendu crier *feu*, je reçois une bordée de mitraille *a tergo*. Si ma cuirasse et mes raisons n'eussent pas été bonnes, j'étais blessé à mort. Heureusement, le coup a produit un effet tout contraire à ce qu'on devait en attendre naturellement. La bonne Providence, voyez-vous ! Comme j'aime à croire que tout a été fait de bonne foi, et comme personne plus que moi ne voudrait être bienveillant envers ses amis, j'excuse volontiers ce mouvement stratégique. On peut être excellent médecin (ces Messieurs le sont tous), et n'être pas adroit tireur.

Déjà vous connaissez quelle est mon opinion sur cette lettre, par les remarques que j'ai envoyées à Monseigneur l'Archevêque, en date du 25 mai. Je me contenterai d'ajouter ceci. Les Médecins signataires, pour prouver qu'ils ne peuvent accepter le projet d'union définitive *de qua agitur*, disent que ce plan n'est pas nouveau, qu'il doit son origine à Monseigneur Smeulders, et qu'ils ont refusé en 1884 d'entrer dans l'Ecole qui serait devenue Faculté médicale de Laval. Or, je le demande, le cas est-il identique ? En 1884, s'agissait-il de faire amender la Charte de l'Ecole ? d'en transformer la constitution, de manière à ce qu'elle devint Charte catholique ? de la rendre conforme aux décrets romains ? d'y donner légalement à l'Archevêque de Montréal un contrôle dans la nomination des professeurs et l'orthodoxie de l'enseignement ? de l'empêcher d'être un gouvernement dans un gouvernement ? d'en faire une partie intégrante et homogène de l'Université ? s'agissait-il de donner à la Succursale une position civilement meilleure, tandis que, en même temps, on améliorait le sort de l'Ecole au point de vue universitaire ? Une comparaison, pour servir de preuve, doit porter sur deux cas semblables ; et, dans la circonstance présente, les deux cas ne sont-ils pas, sous maints rapports, dissemblables ? si oui, *non valet consecutio, ruit ratiocinium,... et procumbit humi bos.*

Dans tous les cas, je suis moralement certain que je finirai par m'entendre avec ces Messieurs : j'ai vu d'eux, pendant le cours de l'année dernière, trop de preuves de leur bonne volonté. Ils n'iront pas, dans un moment de mauvaise humeur, jeter à vau-l'eau le fruit d'une longue patience. Dans les difficultés et les divisions, d'un côté comme de l'autre, je crois les hommes meilleurs qu'on ne le dit, meilleurs même qu'ils ne paraissent. Le malentendu joue un grand rôle dans l'histoire des disputes humaines ; il suffit de le faire disparaître pour éclaircir une situation, et changer d'anciens adversaires en amis fidèles. La vie est trop courte pour s'amuser à se battre indéfiniment, surtout entre compatriotes, entre coreligionaires. Ah ! si jamais, nous dégageant des misères du passé, nous parvenons à consolider une seule Ecole, une seule Faculté de Médecine à Montréal, elle sera la plus belle de la Puissance ! Au revoir ! et croyez-moi toujours dans les sentiments d'une haute estime,

Monsieur le Vice-Chancelier,

Votre très dévoué serviteur,

J. B. PROULX, *Prêtre.*

DOCUMENT N° XLVIII

———

(*Extrait du " Rapport sur sa mission à Rome à Sa Grandeur Mgr Edouard Charles Fabre, archevêque de Montréal, par l'abbé J. B. Proulx, Vice-Recteur de l'Université Laval à Montréal,"* 2 *juillet* **1890.**)

Le 6 février 1890, Son Eminence le Cardinal Simeoni me dictait, pour Votre Grandeur, le télégramme ci-dessous :

" Affaire regardant Ecole, elle pourra faire ce qu'elle croit le mieux d'accord avec Evêques Province Montréal, pourvu que soient sauvegardés décret Pontifical et droits Universitaires. Docteur Hingston peut présenter bill. Dites-lui.—Proulx. "

Le 9 de février, le Cardinal Simeoni adressait à Votre Grandeur la lettre que voici :

S. Congregazione di Propaganda.
Protocollo N. 659.

ROMA, li 9 febbraio 1890.

Dno Eduardo Fabre,
Archiep. Marianopolitan.

ILLME ET RME DOMINE,

Uti Dominatio Tua mihi significaverat per epistolam die decima quarta præteriti mensis Januarii, huc pervenerunt R. D. Proulx, Vice-Rector Succursalis

Universitatis Lavallensis et Doctor Desjardins, qui mihi manifestaverunt nonnullas propositiones relate ad istam Scholam Medicinæ, quæ propositiones Tuæ Domni fortasse ignotæ non erant. Re autem mature, ut par erat, perpensa, responsum illis fuit, quemadmodum ex telegrammate ab eisdem Tibi expedito jam cognoveris, quod, quum hoc negotium Scholam Medicinæ respiciat, poterit ipsa, collatis consiliis cum Domne Tua et cum episcopis suffraganeis istius provinciæ Marianopolitanæ, id facere quod melius judicaverit, dummodo salva et integra maneant quæ decreta fuerunt a Summo Pontifice et jura Universitatis Lavallensis.

Hæc Tibi significanda habui; atque interim Deum precor ut Te diutissime sospitet.

Dominationis Tuæ addictissimus.

(firmato)   JOAN. CARD. SIMEONI, *Præfectus.*

(TRADUCTION.)

ROME, le 9 février 1890.

A Monseigneur Edouard Fabre,
    Archevêque de Montréal.

ILLUSTRISSIME ET REVERENDISSIME SEIGNEUR,

Comme Votre Grandeur me l'avait annoncé par une lettre en date du quatorze du mois de janvier dernier, sont arrivés ici le Révérend M. Proulx, Vice-Recteur de la Succursale de l'Université Laval et le Docteur Desjardins, qui m'ont fait connaître relativement à l'Ecole de Médecine certaines propositions, lesquelles sans doute ne sont pas ignorées de Votre. Grandeur. La chose, comme il convenait, ayant été mûrement pesée, il leur fut répondu, comme déjà vous le savez par le télégramme qu'ils vous ont expédié, que, vu que cette affaire regarde l'Ecole de Médecine, elle pourra, après en avoir conféré avec Votre Grandeur et les Evêques suffragants de la province de Montréal, faire ce qu'elle jugera être le mieux, sauve l'intégrité des décrets du Souverain Pontife et des droits de l'Université Laval.

Voilà ce que j'avais à vous dire ; et je continue à prier Dieu qu'il vous conserve encore longtemps.

De Votre Grandeur le très dévoué,

JEAN, CARD. SIMEONI, *Préfet*.

Le 15 février, le bill de l'Ecole périclitant devant le Comité des bills privés, le Préfet de la Sacrée Congrégation de la Propagande prit la peine d'envoyer à Votre Grandeur, lui-même, en son nom, ce télégramme significatif :

" Si démarches Ecole peuvent obtenir union et paix sur bases indiquées, agréable au Saint-Siège. Simeoni."

Je demandais une réponse sous bref délai. Ma demande fut faite définitivement le 5 de février ; la réponse vint le 6 du même mois. Le délai ne pouvait être plus bref.

Je demandais la permission pour l'Ecole de faire amender sa Charte dans un certain but que je désignais ; on me répond : *L'Ecole peut faire ce qu'elle croit le mieux.*

Je demandais que l'arrangement entre les deux Ecoles fût laissé aux soins des Evêques de la Province de Montréal ; on me répond : *Collatis conciliis cum Dominatione Tua et cum episcopis suffraganeis istius Provinciæ Marianopolitanæ.*

De plus, le représentant attitré du Saint-Siège pousse l'obligeance jusqu'à faire savoir à Votre Grandeur, par le télégraphe : *Sous telles et telles conditions* (celles que j'avais énumérées) *c'est agréable au Saint-Siège.*

Que peut-on désirer davantage ?

DOCUMENT N° XLIX

Projet d'union avec l'École Victoria, le 22 octobre 1885.

Il a été résolu de prendre pour base les dispositions suivantes :

1° Que l'Ecole disparaisse au moins virtuellement ;

2° Que les dix professeurs du Conseil de l'Ecole soient acceptés comme professeurs de la Succursale ;

3° Qu'ils puissent recevoir le même salaire qu'ils reçoivent actuellement à l'Ecole ;

4° Que le Séminaire se charge de la dette de l'Ecole, au montant de $14,000 ou $15,000, en prenant possession de la propriété ;

5° Que les dix professeurs susdits ne puissent être renvoyés que sur une demande du Conseil supérieur."

Pour copie conforme,

J. E. MARCOUX.

DOCUMENT N° L

———

Ce qui suit est extrait de mon " Rapport à Sa Grandeur Mgr Ed. Chs Fabre, archevêque de Montréal," daté de Rome le 2 juillet 1890.

A ce sujet des comptes, il se poursuit actuellement entre Rome et Québec, une correspondance qui ne peut, paraît-il, se terminer en quelques mois, ce qui a empêché qu'on ne me donnât une réponse définitive. Quelle est la matière précise de cette correspondance, quel en sera le résultat, je ne puis le dire ; mais ce que je puis dire, sans crainte de me tromper, c'est que :

1° Il est certain que nous n'aurons pas à payer ce que le Séminaire de Québec réclame de nous, avant d'en recevoir un avis formel de Rome ;

2° Il est certain que, dans tous les cas, nous ne paierons qu'après que l'on nous aura présenté des comptes complets, détaillés et clairs ;

3° Il n'est pas moins certain que, si nous avons à payer quelque chose, pour le faire, nous n'aurons pas à entamer le revenu que le Saint-Père vient decréer pour le fonctionnement annuel de la Succursale ;

4° Bien plus, sans que la chose soit aussi certaine, il est cependant, pour moi, plus que probable que la Succursale ne sera jamais appelée à payer les comptes que M. l'abbé J. E. Marcoux, délégué du Séminaire de Québec, lui a présentés.

Dans cette dernière hypothèse, nous nous passerons volontiers d'un tribunal.

En réalité, la réponse était donnée dans l'Indult
par lequel le Saint-Siège accorde à l'Université Laval
à Montréal, pour subvenir aux frais de son administration, cinq centins sur chacun des honoraires de
messe envoyés à l'étranger ; en effet, il y est dit : "*ex*
quibus jam quinque solidi ad solvanda debita Universi-
tatis Quebecensis excerpti sunt... desquels (les honoraires
de messes envoyés à l'étranger) déjà cinq sous sont
retenus pour payer la dette de l'Université à Québec."

Dans tous les cas, il ne peut plus y avoir de doute
à ce sujet, après ce que Mgr B. Paquet, Recteur de
l'Université Laval, écrivait aux Eminentissimes et
Révérendissimes Seigneurs, qui composent le Conseil
Supérieur de l'Université, à la date du 28 janvier 1891.

"Je profite de cette occasion pour annoncer à Vos
Grandeurs... que la réclamation du Séminaire de Qué-
bec contre la Succursale est une affaire réglée. La
Succursale n'aura rien à payer au Séminaire..."

DOCUMENT N° LI

Ex audientia Sanctissimi habita die 27 Aprilis 1890.

" Sanctissimus Dominus Noster Leo divina Provi-
" dentia P. P. XIII, referente me infrascripto Archi-
" episcopo Tyren., S. Congregationis de Propaganda
" Fide Secretario, ut provideret subministrationi red-
" dituum pro Sede Montisregii Universitatis Laval-

" lensis, jussit ex eleemosynis missarum adventitia-
" rum ex ipsa Provincia ecclesiastica Montisregii, ex
" quibus jam quinque solidi ad solvenda debita Uni-
" versitatis Quebecensis excerpti sunt, alios quinque
" sumi ad scopum subministrandi redditus eidem Universitati Montisregii, idque ad quinquennium.

"Datum Romæ ex ædibus dictæ S. Congregationis
die et anno ut supra.

L. S.   † " D., Archiepisc. Tyren., Secr.
                   " Gratis quocumque titulo."

(TRADUCTION)

AUDIENCE DU ST-PÈRE, le 27 avril 1890.

Notre Très Saint-Père le Pape Léon XIII, sur le
rapport que je lui en ai fait, moi soussigné, Archevêque
de Tyr, secrétaire de la Sacrée Congrégation de la Propagande, dans le dessein de créer des revenus pour le
siège montréalais de l'Université Laval, a ordonné de
prendre sur les honoraires de messes de la province
ecclésiastique de Montréal envoyés à l'étranger, desquels déjà on retient cinq sous pour payer la dette de
l'Université à Québec, de prendre, dis-je, cinq autres
sous pour procurer des revenus à la susdite Université
de Montréal, et cela pour cinq ans.

Donné à Rome au palais de la Sacrée Congrégation
de la Propagande, les jour et an que dessus dis.

                     † D., Archevêque de Tyr, *Sec.*

DOCUMENT N° LII

———

MONTRÉAL, 31 juillet 1889.

MONSIEUR LE CURÉ,

—Les Evêques de la province de Montréal, comme vous le savez, se sont réunis le 23 pour l'affaire de Laval. Ils ont aussitôt écrit à Québec pour donner le nom du Vice-Recteur choisi par eux. M. Marcoux nous avait dit que le nom envoyé serait certainement accepté, mais que l'on ne pouvait pas le nommer officiellement avant la réunion du Conseil Universitaire. A cela, je lui ai dit qu'il était important de faire connaître de suite au public le nom de celui qui était choisi, afin de pouvoir aussitôt se mettre à l'œuvre. Il m'a promis de s'en occuper. Monseigneur Racine, notre secrétaire, a écrit à Québec, et j'en ai fait autant. Je vois par les journaux de ce matin que Son Eminence le Cardinal est arrivé hier d'une excursion à l'Ile-aux-Grues ; ceci me fait espérer que j'aurai des nouvelles bientôt.—Avant hier, M. Douville, de Nicolet, a dit à un dîner, où il y avait plusieurs personnes, qu'on l'avait informé à Québec que c'était M. Proulx, curé de St-Lin, qui avait été choisi. Quand quelqu'un s'informe, nous nous contentons de donner cette rumeur. Tous ceux qui entendent cela, n'ont plus de doute.— Vous devez venir à Lachine mardi, j'espère qu'alors tout sera public. En attendant, vous savez à quoi vous en tenir. Les médecins se voient beaucoup. Il y a espoir de fusion. Priez Dieu que ce soit là votre premier succès, qui, naturellement, en entraînerait bien d'autres. Tout à vous.

† EDOUARD CHS FABRE, Arch. de Montréal.

P. S.—J'ouvre cette lettre pour vous dire que je reçois à l'instant de Monseigneur Paquet une lettre qui m'annonce que vous êtes nommé Vice-Recteur. Deo gratias !

† ED. CHS, Arch. de Montréal.

DOCUMENT N° LIII

(*Extrait du journal* L'Etendard *du* 27 *août* 1889).

L'UNIVERSITÉ.

UNE RÉSOLUTION DES MEMBRES DU CLERGÉ.

Pendant la retraite ecclésiastique qui vient de finir au Grand Séminaire de Montréal, M. l'abbé Colin, supérieur de Saint-Sulpice en cette ville, a remercié tous ceux qui ont contribué à la décoration de l'autel St-Charles au collège canadien à Rome. Puis M. l'abbé a présenté au clergé M. l'abbé Proulx, curé de St-Lin et Vice-Recteur de Laval à Montréal. M. Proulx prenant la parole a dit qu'il travaillerait de toutes ses forces à suivre la volonté de Notre Saint-Père Léon XIII, exprimée dans la nouvelle constitution de l'Université, (1) et à rendre justice à tous. Il a été souvent et vivement applaudi.

Dès qu'ils ont laissé la tribune, M. l'abbé J. B. Champeaux, curé de Berthier, s'avança et, au nom du clergé, loua M. le Vice-Recteur de la manière habile et sincère avec laquelle il venait d'exposer la situation et de donner confiance à l'assemblée. Il remercia aussi M. le Supérieur pour ses bonnes paroles et tout l'intérêt qu'il porte à cette œuvre, et il fut applaudi.

Alors M. l'abbé Plinguet, curé de l'Ile-Dupas et doyen du clergé, proposa la résolution suivante :

"Que tout le clergé voit avec bonheur et grande satisfaction l'union des deux Ecoles de Médecine Laval et Victoria, qui est sur le point de s'opérer sur des bases tout à fait honorables."

Laquelle résolution fut approuvée.

En foi de quoi plusieurs ont signé :

V. PLINGUET, prêtre.

E. H. BLYTH, prêtre.

J. B. CHAMPEAUX, prêtre.

I. MORIN, V. F., curé de St-Jacques-le-Mineur.

J. PRIMEAU, curé de Boucherville.

N. PICHÉ, prêtre, curé de Lachine.

J. U. LECLERC, V. F., curé de St-Joseph, de Montréal.

L. J. PICHÉ, curé de Terrebonne.

R. BONIN, prêtre, curé de St-Côme.

T. Z. ALLARD, prêtre, curé de St-Antoine Abbé.

C. OUIMET, prêtre, curé de Ste-Julienne.

---

(1) Le journal veut dire " la Constitution *Jam dudum*."

O. Blanchard, curé de Saint-Isidore.

F. X. Geoffroy, curé de Saint-Norbert.

Ph. Seers, prêtre, curé de Saint-Jean Chrysostome.

J. Gagnon, prêtre, curé de Sainte-Barbe.

M. Auclair, curé de Saint-Jean-Baptiste, Montréal.

Théop. Maréchal, curé de Saint-Jacques de l'Achigan.

J. C. Caisse, prêtre, curé de Saint-Sulpice.

M. Leblanc, curé de Saint-Martin.

A. Baril, curé de Saint-Rémi.

J. J. A. Vinet, prêtre, curé de Châteauguay.

Jos. Brien, prêtre, curé de Saint-Damien de Brandon.

Pierre Poissant, prêtre, curé de St-Colomban.

G. F. O. Chevrefils, prêtre, curé de Sainte-Anne de Bellevue.

M. R. C. Décarie, prêtre, curé de Saint-Henri, de Montréal.

Aug. Provost, prêtre, curé de St-Paul, Montréal.

P. E. Lussier, prêtre, curé de Beauharnois.

J. R. Chaput, curé de Saint-Lazare.

F. Chagnon, prêtre, curé de Saint-Clet.

J. Forget, prêtre, curé de Sainte-Sophie.

M. Mireault, prêtre, curé de Saint-Hermas.

Eug. Desmarais, curé de St-Louis de Gonzague.

J. O. Perrault, prêtre, curé de St Stanislas.

F. Perrault, curé de Sainte-Geneviève.

J. O. Godin, prêtre, curé de Vaudreuil.

G. D. Lesage, prêtre, curé de Sainte-Etienne.

F. Birtz, prêtre, curé du Coteau St-Louis.

M. Mainville, prêtre, curé de Saint-Régis.

J. E. Dugas, curé de Ste-Anne-des-Plaines.

M. Tassé, prêtre, curé de Longueuil.

DOCUMENT N° LIV

———

(Extrait de mon "Rapport à Sa Grandeur Mgr
Edouard Charles Fabre, archevêque de Montréal,
daté de Rome le 2 juillet 1890.)

Roma, li 12 guigno 1890.

Ullme et Rme Domine,

Haud ignorat Amplitudo Tua nuper actnm fuisse a
moderatoribus Athenæi Marianopolitani Lavallensis
Universitatis de unione Facultatis medicæ artis ipsius
Athenæi cum Schola pariter medica in eadem Urbe
Marianopolitana existente. Et quamvis hæc unio gra-
vibus undique rationibus consuleretur, commotis hinc
inde animis, ad felicem exitum nondum perduci po-
tuit. Hæc res minime studiis partium dijudicanda est,
sed altius sumenda ratione æquanimi et intuitu boni
communis. Commune autem bonum ferre non videtur
ut in eadem civitate duplex facultas medica coexistat.
Hinc Apostolicæ Sedi, quæ nihil amisit ex eis quæ ad
instaurationem et incrementum studiorum in ista
Provincia ecclesiastica conferre viderentur, summo-
pere gratum foret si unio de qua agitur tandem ad
effectum perducatur, salvis tamen juribus Universitatis Lavallensis et Decretis pontificiis. Et quia ad hoc
obtinendum valde auctoritas RR. PP. sacrorum Antistitum istius provinciæ conferre dignoscitur, Ampli-

tudinem Tuam rogo ut una cum Episcopis istius provinciæ ea quæ polletis prudentia ac maturitate, operam auctoritatemque vestram conferatis ad questiones simultatesque e medio tollendas, animasque sedendas, ut hinc inde intuitu majoris boni, et salvis juribus uti supra, in unione peragenda conveniatur et libenter onera ferantur quæ ab hac perutili unione requiruntur.

Pro certo habens tam grave negotium opera Amplitudinis Tuæ et Episcoporum provincialium ad optatum finem tandem perduci posse, eidem Amplitudini Tuæ omnia bona a Domino adprecor.

Amplitudinis Tuæ,
Addictissimus uti Frater,

JOANNES CARD. SIMEONI, *Præfectus.*
D., Archiep. Tyren., *Sec.*

(TRADUCTION.)

Votre Grandeur n'ignore pas que l'administration de l'Université Laval à Montréal s'est occupée dans ces derniers temps d'unir la Faculté de Médecine de cette Université avec l'Ecole de Médecine de la même ville de Montréal. Toutes sortes de graves raisons militent en faveur de cette union, bien que le partage et l'agitation des esprits n'aient pas encore permis de la conduire à un heureux terme. Ce n'est point une question à juger par des impressions de parti, mais par des vues de bien public plus élevées et plus sereines. Or l'intérêt public demande, on le comprend, qu'il n'y ait point, dans la même ville, deux Facultés de Médecine à côté l'une de l'autre. Aussi le Saint-Siège, qui n'a rien négligé pour assurer dans cette province ecclésiastique l'heureuse organisation et le progrès des études, verrait-il avec la plus grande satisfaction se réaliser l'union projetée, sans préjudice toutefois des droits de l'Université Laval, ni des Décrets Pontificaux. Pour atteindre ce but il est clair que l'autorité des évêques de la province sera d'un très-grand poids. C'est pourquoi je prie Votre Grandeur et avec Elle les évêques suffragants d'user de tout ce que vous avez de prudence et de sagesse, de sollicitude et d'autorité, afin d'écarter les sujets de discussion et de litige, de calmer les esprits et de faire, qu'en vue du plus grand bien, et sous la réserve des droits susdits, on s'entende de part et d'autre pour réaliser l'union et pour accepter de grand cœur les sacrifices exigés par une œuvre si utile.

C'est avec la conviction que les soins de Votre Grandeur et des Évêques comprovinciaux pourront enfin amener cette grave affaire à un heureux terme, que je prie Dieu d'accorder toutes sortes de biens à Votre Grandeur, dont je suis

Le très dévoué Frère,

JEAN CARD. SIMEONI, *Préfet.*

D., Archevêque de Tyr, *Sec.*

Il est impossible, pour une réponse, de couvrir plus complètement toute l'étendue et toutes les nuances d'une demande ; les termes sont identiques. Je demandais qu'on fît appel à la (1) *prudence,* au (2) *discernement* et à (3) *l'autorité* des Evêques ; et la lettre dit *ea quæ polletis,* (1) *prudentia ac* (2) *maturitate operam* (3) *auctoritatemque vestram conferatis.* Et cela, ajoutais-je, dans le but de régler (4) cette question, de lever (5) les obstacles, d'apaiser (6) les esprits, de demander (7) des sacrifices convenables, et d'amener (8) une union juste et équitable ; et la lettre dit : *ad* (4) *quæstiones* (5) *simultatesque e medio tollendas,* (6) *animasque sedendas... libenter* (7) *onera ferantur quæ ad hac perutili* (8) *unione requiruntur.* De plus, dans le cours de ce mémoire je soutenais que "toutes nos difficultés ne trouveront de solution véritable que dans (9) l'action supérieure, libre, indépendante et efficace de l'épiscopat." Et la lettre dit : *quia ad hoc obtinendum valde* (9) *auctoritas RR. PP. Sacrorum Antistitum istius provinciæ conferre dignoscitur.*

TABLE DES MATIÈRES

TABLE DES DOCUMENTS

SUPPLÉMENT

DE L'ÉDITION MONTRÉALAISE

Lightning Source UK Ltd.
Milton Keynes UK
UKHW011120291118
333024UK00007B/912/P

9 780260 185242